LES FAUTES DE FRANÇAIS ?
PLUS JAMAIS !

Julien LEPERS

LES FAUTES DE FRANÇAIS ?

Michel LAFON

Directeur d'ouvrage
Frédéric Lepage

© Éditions Michel Lafon, 2011
11-13, boulevard Paul-Émile-Victor – Île de la Jatte
92521 Neuilly-sur-Seine Cedex

www.michel-lafon.com

AVANT-PROPOS

LA PREMIÈRE PIERRE

Que celui qui n'a jamais fait de faute de français me jette la première pierre !

Chaque fois que je commets une erreur à l'antenne, vous êtes nombreux à me le signaler et il faudrait parfois que je double la taille de ma boîte aux lettres ! Oui, j'ai dit d'un candidat à « Questions pour un champion » qu'il avait *débuté* sa carrière l'année précédente. J'ignorais que le verbe *débuter*, de même que *démarrer*, était intransitif, c'est-à-dire qu'on ne peut lui accoler un complément d'objet direct. J'aurais dû dire *commencé*. Vous n'avez pas aimé que je répète quatre fois *trente et un mille cent euros*, sans faire la liaison entre cent et euros. J'aurais dû dire trente et un mille *cent-t-euros*. Vous m'avez sermonné pour avoir demandé : *Vous êtes d'où*, au lieu de *D'où êtes-vous ?* Et je ne mentionnerai qu'avec un sentiment d'horreur rétrospective le blâme dont vous m'avez accablé le jour où j'ai lancé à un autre candidat : *Comment y va, Éric ?* au lieu de *Comment va Éric ?* ou, plus simplement, *Comment allez-vous ?*

Je plaide coupable !

Admettez cependant que nul n'est à l'abri de ces défaillances et qu'elles sont excusables si l'on essaie de s'amender. Pour ma part, en dépit de mes erreurs, il me semble que je dispose d'un sixième sens pour détecter ces petits riens qui sonnent mal et trahissent les enlaidissements que nous infligeons au langage.

Dès que je me réveille, j'allume la radio. Comme beaucoup de Français, je veux savoir s'il fait beau dans le monde que me cachent encore les contrevents, ou si le froid me saisira dès que je mettrai le nez dehors.

J'entends alors un de mes amis animateurs. Il s'adresse au responsable de la rubrique météo : « Les températures seront *fraîches* aujourd'hui. » « Vous *aurez* vingt degrés à Toulouse et Marseille, répond l'interpellé, mais les Lillois *auront* dix degrés. » Il ajoute que « dans les départements côtiers, c'est *de* pluie *dont* il s'agira ». Le Monsieur Météo d'une autre station indique que le froid *intéressera* les Lyonnais, avant de compléter : « En montagne, il neigera de manière *conséquente*. »

D'où vient le trouble qui me saisit quand je les entends ?

Je dirais comme eux, au mot près. À leur place, j'emploierais les mêmes formules. En matière de micro, nous sommes d'ailleurs frères. J'ai tenu celui de RMC pendant cinq ans, et pendant dix-huit ans celui de RTL. Cependant, chacune de ces phrases agace mon oreille d'un chatouillis si léger que, la plupart du temps, je n'y prends même pas garde.

Grâce aux remarques bienveillantes d'amis tels que Bernard Cerquiglini, qui officie sur TV5 Monde, je sais aujourd'hui qu'une température n'est ni chaude, ni fraîche, ni froide : comment un chiffre le serait-il ? Que l'air soit tiède, l'eau glacée, le vent doux, on le conçoit. Mais une température, simple abstraction, ne chauffe ni ne gèle. Et quand vous placez votre main dans un liquide porté à ébullition, ce ne sont pas les degrés qui vous brûlent, mais l'eau.

« Vous aurez vingt degrés à Toulouse », dit-on encore sur les ondes. Non, à Toulouse, tout le monde aura trente-sept degrés… sauf les malades ! Si vous « avez » quarante degrés, cela ne signifie pas que la canicule arrive chez vous, mais que vous êtes admis à l'hôpital. Entre « vous aurez » quarante degrés et « il fera » quarante degrés, la différence n'est pas mince.

Elle nous paraît cependant négligeable quand nous nous éveillons au son de notre radio-réveil.

« C'est *de* pluie *dont* il s'agira ». Elle tombe depuis si longtemps, la pluie, sur cet usage fautif que même les orateurs professionnels, présentateurs du journal télévisé ou députés à la tribune du palais Bourbon ne l'entendent plus battre au carreau. Je me rappelle pourtant mes professeurs dominicains de l'école prémilitaire de Sorèze, dans le Tarn, nous expliquant que « dont » est une contraction de « de quoi ». « C'est de pluie dont il s'agira » se traduirait par « C'est de pluie de quoi il s'agira ». Cela ne fait-il pas un *de* en trop ? Il vaudrait mieux dire « C'est de pluie qu'il s'agira ».

Le froid *intéresse*-t-il les Lyonnais, les passionne-t-il ou les enthousiasme-t-il ? L'ami-météo a choisi. Le froid *intéresse* les Lyonnais, les Bretons ou la Vendée. C'est parfois un front orageux qui *intéresse* le sud de la France. Ou une vague de chaleur qui *intéresse* les Vosges.

Un jour, le verbe *intéresser* disparut brutalement de son vocabulaire. Je présume qu'un auditeur lui reprocha par une missive fulminante de confondre *intéresser* et *concerner*. Peut-être lui signala-t-il par la même occasion que le mot *conséquent*, loin de vouloir dire *important*, s'applique à une chose qui en suit une autre et qui, parfois, en résulte, ou à ce qui est logique. On peut dire par exemple : « Le jardinier a planté des rhododendrons dans la partie du jardin où la terre est acide. Il s'est montré *conséquent* dans son choix, puisque cette plante aime ce type de terrain. »

Finissons-en avec les agaceries du lever. Après tout, qui suis-je pour donner des leçons aux autres, moi qui fais les mêmes fautes qu'eux ? Grammairien, lexicologue, académicien, lexicographe, agrégé ? Rien de tout cela ! Mes études – de droit – ne sont pas de celles qui prédisposent à traquer le pléonasme. Ai-je écrit des poèmes, des traités, des épopées ? Non, je ne suis qu'un homme de radio, de télévision. En d'autres termes : un saltimbanque, un camelot, un bateleur.

Je me suis longtemps demandé pourquoi le mauvais usage de la langue française écorchait mes oreilles.

J'ai trouvé la réponse en me mettant au piano.

*

Des ennemies me furent désignées dès l'enfance. Ma mère ne les fréquentait guère. Mon père les débusquait dans leurs moindres retranchements. Il les anéantissait d'un coup de baguette. Il était chef d'orchestre. Ma mère chantait. Ils détestaient les fausses notes.

Ma mère, Maria Rémusat, interprétait notamment des chansons de Boris Vian, Pierre Delanoë, Gilbert Bécaud, Charles Aznavour ou Henri Salvador. Elle fut aimée des Français parce que sa voix exprimait la passion, la tendresse et l'enthousiasme dont ils avaient besoin pendant cette période, à partir des années 1950, qu'on appela les Trente Glorieuses. Elle figure parmi les précurseurs de la chanson française moderne.

Mon père, Raymond Lepers, pianiste, compositeur et chef d'orchestre accompli, flirta avec tous les genres et s'honora dans chacun d'eux. Il s'adonna au jazz et ne le quitta plus. Il travailla avec des géants : Count Basie, Paul Anka, Lionel Hampton ou Georges Ulmer.

À la maison, les fausses notes n'étaient pas bienvenues. Cependant, mon père pratiquait parfois l'art de la dissonance : c'était pour mieux noyer quelques accords agressifs dans les somptueux tourbillons mélodiques qui s'ensuivaient.

Je suis devenu musicien, comme eux. Je ne peux entrer dans un bar sans que me prenne l'envie de me mettre au piano. J'ai composé pour Herbert Léonard, Sylvie Vartan, Michel Delpech ou Sheila et bien d'autres artistes des chansons qui ont connu le succès. Avec eux, j'ai vendu des millions de disques. Aujourd'hui, le public vient découvrir mon spectacle instrumental et chante avec moi *Le Temps des cerises*, et les succès de Ray Ventura, de Luis Mariano ou d'Édith Piaf. Derrière moi, sur scène, un grand orchestre symphonique...

Si, pendant une valse de Johann Strauss, la harpiste accroche une corde, si un hautbois oublie un dièse, si un bassiste accorde mal son instrument, je le sentirai.

C'est ainsi que j'ai été élevé : je ressens les fausses notes. Elles me chatouillent les oreilles. Elles me contrarient.

*

Une faute de français me fait le même effet qu'une fausse note. Alors quand j'en entends une, j'ai envie d'aller au-delà de la gêne qu'elle me cause. Je veux en savoir davantage. Je pars à la recherche de l'harmonie perdue.

Depuis près de deux ans, j'ai noté les dissonances que je percevais en écoutant la radio ou en regardant la télévision. Je l'ai fait d'abord par amusement, puis par désir d'apprendre. Chaque fois, comme un écolier, j'ai consulté des dictionnaires. J'ai comparé les formes fautives avec les formes correctes. Nous malmenons tous la langue française, sans même nous en apercevoir.

Dans ce livre, je voudrais partager mes découvertes avec vous.

Au fil des pages, vous découvrirez pourquoi l'expression *Depuis que je suis tout petit* est absurde si vous mesurez plus d'un mètre cinquante.

Nous constaterons ensemble qu'il faudrait laver au savon de Marseille la bouche de celui qui comptabilise, par exemple, *des pommes, des poires et autres ananas*. Pourquoi ? Je vous le dirai dans les chapitres qui suivent…

Je vous livrerai la liste des phrases toutes faites à éviter. Je dresserai l'inventaire des pléonasmes et celui des anglicismes qui massacrent l'anglais autant que le français !

Je vous révélerai le véritable sens de ces expressions qu'on prononce sans comprendre ce qu'elles signifient, simplement parce qu'on les a entendues à la radio ou à la télévision et qu'on les croit justes, de ce simple fait.

Je vous dirai les méfaits des jargons quand ils se glissent dans la langue usuelle.

Nous traquerons les contresens, le langage snob.

Je vous expliquerai pourquoi nous risquons de porter le deuil des articles ou de la forme interrogative.

Je dénoncerai ces formules qui énervent comme une craie qui crisse sur un tableau noir. Mais je recenserai aussi la liste des erreurs tolérables.

Pas à pas, vous profiterez de mon apprentissage.

Vous découvrirez comment éviter les fautes de français.

J'ai cheminé vers un meilleur usage de la langue. Je vous indiquerai les raccourcis ! En m'écrivant pour me mettre en garde ou pour protester contre les erreurs que je commettais moi-même, nombre d'entre vous m'ont aidé à les trouver. C'est pourquoi, bien souvent, les chapitres qui suivent seront introduits par des extraits de leurs missives.

Cependant, si je me suis énamouré de la belle langue française, c'est aussi pour une autre raison…

*

La langue française est paradoxale, complexe, bizarre. Pourquoi, dans ses règles, tant d'exceptions, de dérogations, d'incohérences ? Il y a souvent de quoi en perdre son latin… ou plutôt son français.

Pourtant, des locuteurs de toute la planète pratiquent notre langue en artistes. S'il en était besoin, ils nous réconcilieraient avec elle.

Depuis vingt-quatre ans, j'anime le jeu « Questions pour un champion ». De manière régulière, la production organise des compétitions auxquelles participent des candidats venus du monde francophone.

Je fonds d'admiration devant ces Vietnamiens, ces Camerounais ou ces Laotiens qui s'expriment dans une langue exempte de toute aspérité. Quelle joie de les entendre! Et que dire des Québécois, qui ont préservé en dépit des vents contraires le reliquaire des bons usages linguistiques. Quel bonheur de retrouver grâce à eux l'élégance du français, alors même que ses complexités nous détournaient de lui!

Des candidats nous arrivent parfois de pays non francophones. Ils ont appris notre langue chez eux, à Bangkok, Le Caire ou Adélaïde, et nous reçoivent par l'entremise de la chaîne internationale TV5 Monde. L'émerveillement n'en est que plus grand. Pas question pour eux d'orthographier de la même manière les verbes au futur et au conditionnel, ni de dire, quand ils viennent enregistrer l'émission, qu'ils sont *sur* Paris.

Nadia d'Alger, Peng de Vientiane, Maciré de Conakry, Saïd de Beyrouth, William de La Nouvelle-Orléans, Helen de Victoria, aux Seychelles, c'est à vous et à tant d'autres que je pense en écrivant ce livre. Vous m'avez montré qu'on aime parfois mieux le français à Baalbek qu'à Bordeaux, et qu'on le respecte plus à Tanger qu'à Cannes ou à Paris.

Vous m'avez fait retrouver la langue douce et tendre qu'enseignaient mes bons instituteurs du Loir-et-Cher, d'Antibes, de Saint-Dié-des-Vosges ou de Vence.

Vous m'avez donné envie de la défendre.

1

DES CAILLOUX DANS LA BOUCHE

LA PRONONCIATION

Je me rappelle avoir appris à l'école élémentaire que l'orateur et politicien athénien Démosthène s'emplissait la bouche de cailloux avant de s'exercer à déclamer. Cela lui permettait de corriger ses défauts de prononciation. Il ne suffit pas de bien écrire une langue, il faut savoir la parler correctement. Le langage est un moyen de se faire comprendre. Mais si vous prononcez *foré* pour évoquer les chênes centenaires de la forêt de Tronçais – superbe, admirable massif forestier situé dans l'Allier –, un mélomane pensera plutôt à Fauré, le compositeur. Une prononciation fautive est une double offense : à la langue que vous pratiquez, et aux personnes avec qui vous souhaitez communiquer.

Attention ! Je parle de « prononciation fautive », pas de certaines manières de parler, ni des accents qui font chanter le français. Certains d'entre nous *zézaient*, *zozotent* ou *blèsent* : ils font entendre des *s* et des *z* soyeux et inachevés. D'autres *chuintent* : leurs consonnes sifflantes s'amollissent en *ch*, défaut de prononciation que les imitateurs prêtent à Valéry Giscard d'Estaing : *Bonchoir madame, bonchoir mademoiselle, bonchoir monsieur...* Les Provençaux font rouler des rocailles dans leurs mots. Les Parisiens dévorent leurs syllabes et ouvrent la voix pour fermer leurs phrases. Les gens de l'Est empruntent quelque chose de rauque au parler allemand et ceux du Nord *escamot'* leurs *e*. Dans tous les cas, l'accent dénote ce que nous sommes : il fait partie de notre identité.

Il ne faut donc pas confondre accent et mauvaise prononciation. Le premier, innocent, révèle nos origines et notre histoire familiale ; la seconde, coupable, trahit la langue française et favorise les confusions...

Je ne suis pas Démosthène : il m'arrive de mal prononcer notre langue. Et je suppose que je ne suis pas le seul...

COMME LE LÉ SUR LE FEU
OU
IL FAUT QU'UNE VOYELLE
SOIT OUVERTE OU FERMÉE

En français, les voyelles sont comme les portes : ouvertes ou fermées. Maguy B., de Lyon, m'indique que je me contente de les entrouvrir...

« Vous devriez faire un effort parce que ça la fiche mal, explique-t-elle avec un brin de véhémence. Dernièrement, vous parliez du *lait* de vache et vous prononciez « *le lé* ». Ce n'est pourtant pas compliqué ! *É* : la bouche est presque fermée. *È* : la bouche est plus ouverte, les dents à un centimètre de distance. »

Maguy a raison : je dois m'amender. Il ne faut pas confondre le *lait* du petit déjeuner avec le *lé*, qui désigne, comme le savent les amateurs de mots croisés, une bande de papier peint ou une largeur de

tissu. Devant mon miroir, armé d'un double déci-
mètre, je tente de mesurer le degré d'ouverture de
mes *é* et de mes *è*. Pas facile. Heureusement, Maguy
me propose une autre méthode. « Comparez, dit-
elle, "*ses* enfants" à "*seize* enfants". Le premier son
est fermé, le second est ouvert. »

Mon niveau de compréhension augmente soudain, comme celui de l'eau dans la baignoire d'Ar-
chimède... *Eurêka*, j'ai trouvé !

Ainsi, m'explique encore Maguy, les mots suivants se prononcent avec un *é* fermé pour ceux de la
colonne de gauche et avec un *è* ouvert pour ceux de
la colonne de droite... »]

Céder	S'aider
Chez	Chais
Épée	Épais
Filé	Filet
Foré	Forêt
Gué	Gai
J'irai	J'irais
Poignée	Poignet
Pré	Prêt
Vallée	Valet

Les mots qui suivent se prononcent avec un *é* fermé comme, précisément, dans *fermé* : *bébé, blé, chez, été, né.* Mais il faut employer un *è* ouvert (comme dans *ouvert*) pour : *bête, brève, cène, fer, fête, jet, gêne, lièvre, mêlée, mer, net, peste, pièce, prêtre, renne, sel, selle, ver.* Une bonne prononciation, je l'ai dit, évite les confusions. Un *é* fermé à la fin d'un verbe conjugué indique que l'on parle au passé simple ou au futur, alors qu'un *è* ouvert dénote l'imparfait ou le conditionnel. Je *parlai* et *je parlerai* se prononcent *par-lé* et *parle-ré* ; mais je *parlais* ou je *parlerais* se finissent par *lait* ou *raie*, avec un *è* ouvert.

Ouvert ou fermé : le principe s'applique à d'autres voyelles.

Pour les *a*, on qualifie le *a* fermé d'*antérieur* et le *a* ouvert de *postérieur*. Il suffit de s'exercer pour constater, en effet, que l'un vient des fosses nasales (en avant, donc antérieur : je suis *à* Paris) et l'autre de la gorge (à l'arrière, donc postérieur : j'ai *l'âme* triste). Sont fermés, ou antérieurs, les *a* de : *bal, brave, car, glace, grave, drame, maréchaussée, patte, tache, pale, oral, bateau, marteau.* Quelques exemples de *a* ouverts, ou postérieurs : *bas, blâme, cas, châle, gras, infâme, pâle, pâte, râle, château, râteau.* On notera ici que l'accent circonflexe induit généralement un *a* ouvert.

Pour les *o*, même scénario : on distingue le *o* ouvert de *bonne, dock, dot, fort, grog, grotte, molle, os* (au singulier) ou *rosse*, du *o* fermé, de *eau, os* (au pluriel), *cône, dôme, dos, drôle, fosse, gros, hôte, môle, rose*. Comparez : « Cette mégère est une *rosse* (*o* ouvert) : elle n'aura pas de *roses* (*o* fermé) ». Contrairement à ce qui se produit avec le *a*, l'accent circonflexe induit plutôt un *o* fermé, comme dans *le nôtre*, (*o* fermé), par opposition à *votre* (*o* ouvert).

Les accents régionaux inversent la tendance : ouvrant les sons fermés, ou fermant les sons ouverts… et c'est ainsi qu'on reconnaît le Bordelais, le Lillois ou le Marseillais !

LE DOMP'TEUR
OU
LES LETTRES À TAIRE

Quand on a des lettres, il faut parfois savoir les taire. J'ai dû faire entendre, et plus d'une fois, je le crains, le *p* du mot *dompteur*, alors qu'on devrait prononcer celui-ci *donteur,* de même qu'on dit *conteur.* Le public ne l'a pas relevé, ce qui m'a évité d'être dévoré par les lions. Pourtant, la faute est évidente : ce *p*, on l'oublie bien dans *baptême, compter, exempt, exempter, prompt, sept* ou *sculpter* ! La lettre était à taire, et moi à terre, je veux dire *atterré.*

On devrait, en principe, taire aussi le *p* de *cheptel* et prononcer *chétel,* comme on le fait sans s'en émouvoir pour le *f* de *chef-d'œuvre.* De même, le nom de Nicéphore Niépce, pionnier de l'art photographique, dérive du latin *niepsa* qui a donné *nièce,* et dont on ne prononce pas le *p.* On dit donc Nicéphore *Nièce.*

Comprenne qui pourra : si le *p* d'*exempter* est muet, celui d'*exemption* se prononce, de plein droit.

D'autres lettres voyagent incognito comme le fit jadis Jacques Mesrine, qui défia toutes les polices de France sans que le *s* de son nom hausse la voix. Il ne faut pas dénoncer leur présence : cachons aux oreilles de nos interlocuteurs les *s* de la locution *tandis que*, des mots *ananas*, *cassis* (dans le sens de *dos-d'âne* car, pour le fruit, le *s* final se fait sentir), des noms *Cassis* ou *Carpentras*, de *Bahamas* ou de *mœurs*. On parle d'*Aulnay*, de *chenil*, de *coutil*, de *fournil*, de *grésil*, de *terril*, de *persil*, en ne prononçant pas plus le *l* qu'on ne le fait dans *gentil, fusil* ou *outil*. Dans *encoignure*, en revanche, c'est le *i* qu'on omet de prononcer. On devrait donc dire : *encognure*. On ne dit pas des *osse*, mais des *os*. Dans Chamonix et Oyonnax, on oublie le *x*, dans Saint-Tropez, le *z*, et dans Gérardmer, le *r* final.

Dans *almanach* enfin, comme dans *exact*, comble de discrétion, ce sont les deux lettres finales qui ne parlent pas, même en présence de leur avocat. Il en fut également ainsi, jadis, pour le mot *legs*, qu'on prononçait *lé*, ce qui rappelait l'origine du mot : *lais*, en ancien français, *ce qu'on laisse*. On crut au XVe siècle que le mot venait du latin *legatum*, qui signifie « héritage ». Sans doute un Julien Lepers de l'époque dit-il fautivement *lèg'*, et le mauvais usage, souvent plus vivace que le bon, s'imposa ! Il n'y a pas là de quoi fouetter un chat et on ne déshéritera personne pour avoir prononcé *lèg'* au lieu de *lé*.

Dans *août*, le *a* et le *t* gardent le silence : on prononce *ou*. En revanche, on dit *aoûtat,* toutes lettres audibles, pour désigner la larve du trombidion qui nous irrite la peau quand vient le huitième mois de l'année.

À taire, également, le *e* de *gageure* : on prononce *gajure*. De même, le mot geôle se prononce *jôle* et non, comme on l'entend parfois, *gé-ôle*.

Par contre, d'autres lettres gagnent à se faire entendre. Dans *pugnace* comme dans *magnat*, on détache le *g* du *n* pour mieux le faire sonner, comme dans *magma*. On ne prononce donc pas *puniace* ni *mania*.

On voit ici que chaque lettre compte. Janine, de Boulin, dans les Hautes-Pyrénées, m'enfonce la tête sous l'eau : « Depuis vingt-deux ans, vous vous acharnez à prononcer *bainoire* pour une *baignoire*. Il y a quelques jours, vous avez même fait un jeu de mots en disant : « Il ne faut pas confondre *baies noires* et *bainoires* ! »

C'est entendu, Janine, je dirai désormais, comme il se doit, *bai-ni-oire* !

ARGUER GAIEMENT
OU
MAUVAIS ARGUMENT

Ce péché-là, je le tiens pour véniel. La langue française tente parfois de nous tromper, de nous abuser. Je la trouve déloyale. C'est avec la meilleure des volontés que je suis, comme vous, tombé dans ce piège. Vous croyez – nous croyons tous – que *gu* devant une voyelle se prononce comme dans *gueux, guérite, guerre, guibolle* ou *guignol*. Mais tout change avec le verbe *arguer*, dont nous prononçons si volontiers la deuxième syllabe comme celle de *narguer*. Le mot *arguer* vient du XIIe siècle et veut dire « harceler », « presser de paroles ». Dans une discussion, nous faisons valoir nos arguments : nous *arguons*. La tentation est grande de dire que nous *argons*... Hélas, le *u* revendique ses droits et veut se faire entendre. Il faut donc le faire claquer bien fort, comme dans *ciguë*: *ar-gu-er*, *ar-gu-ant*, *j'ar-gu-e*, nous *ar-gu-ons*, vous *ar-gu-ez*, ils *ar-gu-ent*. L'avantage vient de ce qu'on ne peut ainsi confondre *en arguant* et *en narguant*.

Il est traître, ce *u* !

Regardez – ou plutôt écoutez – le mot *quadra-génaire*. Dit-on *kadragénaire* ou *cu-adragénaire* ? Eh bien, ni l'un ni l'autre. Dans certains mots, quand il est placé après le *q*, le *u* se prononce *ou*. On dit donc *coua-dragénaire*. Même chose pour *quadrature*, *quadrupède*, *quartz*, *quatuor*, *quetsche*, *quorum*, *quota*.

La duplicité du *u* ne s'arrête pas là, car *quinqua-génaire* fait exception à la règle : son premier *qu* se dit *kin*, mais le second, *coua* : *kin-coua-génaire*. Idem pour le *quarté* qui, au lieu de ressembler à *quartz*, s'assimile à *carte*. Cela n'empêchera pas le PMU (Pari mutuel urbain) de fonctionner, mais recon-naissez qu'on ne sait pas toujours, avec les *u*, lequel jouer gagnant.

Cependant, il faut parfois défendre les droits du *u*. Par exemple, quand il est abusivement censuré. Nous disons bien *ai-gu-ille*, n'est-ce pas ? Et *ai-gu-illon*, en prononçant nettement le *u* ? D'où vient alors que tant de mes confrères animateurs ou jour-nalistes prononcent le *gui* de *aiguiser* comme celui de *guilleret* ? De ce mot, le *u* ne peut être délogé.

Il faut le prononcer : *aigu-i-ser*. Un bon, un vrai *u*, lèvres tendues et arrondies comme pour un baiser. Pas un *u* boudeur malencontreusement déformé en *ou*, comme le font certains pour évoquer le mois de *juin*, qu'ils prononcent *jouin*, comme s'ils parlaient d'un joint ou comme s'ils l'avaient fumé. Non : un vrai *u* comme dans *ju-ain*.

ARQUEU-BOUTÉ
OU
LE RÉGIME SANS *EUH*

Je dois nommer PHP ce correspondant d'Oloron-Sainte-Marie, dans les Pyrénées-Atlantiques, car il ne m'indique jamais son prénom. À la recherche de quelque participe passé qui me dirait au moins s'il s'agit d'un homme ou d'une femme, je n'en trouve aucun. Ses lettres, en tout cas, sont dactylographiées à l'ancienne, sur un papier fin, dont des reproches bien tassés occupent tout l'espace. PHP, avec une méticulosité et une rigueur d'encyclopédiste, tente de me remettre dans le droit chemin.

Aujourd'hui, c'est à mes *eu* intempestifs que s'en prend mon juge. J'aurais, me dit-il, prononcé *Frédériqueu Bignolasseu* le nom de mon ami et confrère Frédéric Bignolas. J'aurais dit *vinteu-deux* au lieu de vingt-deux. Alain, du 13ᵉ arrondissement de

Paris, lui vient en renfort. « Voici ce dont il s'agit, m'écrit-il. Dans son dictionnaire de la langue française, Émile Littré écrit, au mot « cinq » : "Le *q* ne se fait pas entendre devant un mot commençant par une consonne." Alors pourquoi vous obstinez-vous à prononcer *cinqueu-cents, cinqueu mille, cinqueu cent mille*, etc. ? J'ose espérer que vous tiendrez compte de cette critique et que désormais vous prononcerez correctement *cin-cents, cin-mille, cin-cent mille.* »

PHP, Alain et tous mes autres correspondants qui m'accablez sur ce sujet, laissez-moi défendre un instant ce qu'il y a de généreux dans un régime verbal riche en *eu*… Dans ma région, la Provence, on aime communiquer. On voudrait que le dialogue avec l'autre ne s'arrêtât jamais (l'imparfait du subjonctif, qui m'a donné à réfléchir, est là pour vous plaire, PHP). Alors, on le prolonge, ce dialogue. On prend son temps. On transforme les *e* muets en *eu* qui s'allongent comme le bras. On double la longueur des phrases comme le font les héros de Pagnol.

Je vois, à peine ces lignes écrites, bondir mes détracteurs. Ce qu'ils me reprochent, sont-ils en train de rugir, ce n'est pas d'allonger les *e*, mais d'en prononcer quand il n'y en a pas ! Ils s'énervent, ils éructent. Ils font de moi le seul coupable quand, en réalité, c'est toute ma corporation qui souffre d'*eutite* aiguë. Est-ce moi qui annonce un *matcheu* de *footeuballeu* en *directeu* du *Parqueu* des Princes ?

Suis-je le seul à dire *arqueu-bouté*, *ourseu* polaire ou *ourseu* des Pyrénées ? Ai-je l'exclusivité des *Ouesteu* de Paris, des *filmeu* de cinéma, des *vingteu*-sept ou des *cinqueu*-cents ? Non, sans doute. À la réflexion, mes critiques font converger vers moi des blâmes qu'ils destinent, en réalité, à toute la profession. Ils sont si nombreux, rassemblés à heure fixe devant leur petit écran, à attendre de moi que je montre l'exemple d'une diction de qualité ! C'est un honneur qu'ils me font. Je l'accepte comme tel. Alors, cette faute-là, non, je ne la ferai plus ! Dès ce soir, je me vaccine contre l'*eutite*.

Je veillerai à me protéger de cette affection en toutes circonstances. Même lorsque le *eu*, ce virus, s'insinue sans que je m'en rende compte au cœur des mots les plus banals. Je me rappellerai qu'un *e* suivi de deux *l* se prononce *è*, comme dans *cellier*. Je dirai donc *interpèler* (interpeller), et plus *interpeuler*. La règle du *e* suivi de deux *ll* s'appliquant aussi quand deux *ss* lui succèdent, je dirai *crèsson* (cresson) et non *creusson*. Et aussi, pendant que nous y sommes, *grêlon* et non *greulon*.

Selon la même logique, le nom de Montpellier, chef-lieu de la région Languedoc-Roussillon, s'énonce *montpèllier*, et non *montpeulier*. Or, à l'entracte d'une représentation de l'Opéra Comédie, un membre de la Confrérie des Barons de Caravètes m'interpelle de la bonne manière, c'est-à-dire avec un *è* ouvert. Il m'a entendu, fier de mes connaissances nouvellement acquises, prononcer *montpèllier*. Une longue conversation s'ensuit. Depuis que la baronnie de Caravètes se trouva en déshérence, en 1273, et fut cédée à la ville par son dernier titulaire, la confrérie regroupe les habitants des plus anciennes souches locales. Mon interlocuteur – un expert! – m'explique qu'en occitan, on dit *montpéyé*. Cependant, me dit-il, l'usage français a toujours rendu atone le *é* occitan de la syllabe médiane, *montpéyé* devenant *monpeyé*. Donc, si la prononciation *montpeulier* est fautive, il s'agit d'une faute vénielle car elle correspond au glissement naturel de l'occitan vers le français.

En résumé, on devrait prononcer *Montpélier* mais on évitera de crucifier ceux qui disent *Montpeulier*...

Je continue sans relâche ma lutte contre les *eu* superfétatoires (ce mot épatant signifie: *qui s'ajoute inutilement à une autre chose*). Ce n'est pas toujours facile, car la langue française nous induit parfois en erreur. Je déjouerai ses traquenards. On dit *reubèle* (rebelle), mais *rébéllion* (rébellion) et non *reubellion*;

teunace (tenace), mais *ténacité* et non *teunacité* ; *reuclus* (reclus), mais *réclusion* et non *reuclusion*.

Je bannirai aussi les *eusophages, feutuss, eucuménisme, eudème, Eudipe, eunologie* car les *œ* de *œsophage, fœtus, œcuménisme, œdème, Œdipe* et *œnologie* se prononcent tout simplement *é* : *ésophage, fétuss, écuménisme, édème, Édipe, énologie.*

LA GÉNÈSE
OU
LES SAUTS DE *É*

Si empressé à ajouter des *eu* partout, je me surprends parfois à n'en pas placer assez dans ma conversation. Suis-je le seul à avoir hésité sur la première
syllabe du mot *genèse* ? Le premier à y avoir ajouté un
accent excédentaire ? Il arrive qu'un mot en contamine un autre dans notre esprit. On dit bien *géné-
tique*, et nous supposons que la genèse humaine a un
rapport avec nos gènes. En réalité, il n'en est rien.

De la même manière, on doit dire *reuhausser*
(rehausser) et non *réhausser*. *Enreugistrer* (enregistrer)
et non *enrégistrer*. *Pélérinage* est absurde, puisque
aucun *pélérin* ne va à Chartres, à La Mecque ou à
Saint-Jacques-de-Compostelle. Le pèlerin part donc
en *pèleurinage* (pèlerinage). En revanche, on dit
sécréter et non *secréter*.

Et puisqu'il faut sauter des *é*, en voici un qui m'a toujours fait trébucher : celui de *féerie*, que je croyais devoir prononcer *fé-é-rie*, jusqu'à ce que Maurice, un correspondant de Dieppe, me houspille : « Le mot *féerie*, explique-t-il, est formé à partir de *fée*, nom féminin dans lequel le *e* final est muet. Parleriez-vous de la *féhé* Clochette ou de la *féhé* Mélusine ? Non ? Alors, prononcez *féerie* comme il se doit : *féri*. »

AIN MORCEAU DE PAIN
OU
- LE NEZ DANS LES SINUS

Vous êtes nombreux à me le rappeler : *un* ne rime pas avec *pain*. Veillons donc à ne pas dire *melin* au lieu de *Melun*, et à ne pas faire sonner les *Huns* d'Attila comme les « *Hein !* » de Marcel, au troquet des boulistes de Palavas. Sinon, comment distinguer *emprunt* et *empreint* (ce qui porte la marque, la pression, d'autre chose) ? Pour bien prononcer le *un*, il faut partir du *eu* et, graduellement, faire remonter le son produit vers le nez. Allez-y, exercez-vous !

Le son *un* nous tend un autre piège. Il se transforme en *on* dans les mots *acupuncture*, *punch*, *unciné* (tout ce qui porte un crochet) et dans tous ceux qui dérivent du mot *ongle*, comme *unguéal* (qui a un rapport avec les ongles) ou *unguifère* (qui porte un ongle). On prononce *acuponcture*, *ponch*, *onciné*, *onguéal* ou *onguifère*.

Étant moi-même compositeur, je vénère Serge Gainsbourg. Les libertés qu'il prenait avec la langue m'enchantaient. Rappelez-vous les césures incroyables de *Comment te dire adieu* :

> *Sous aucun prétex-*
> *Te je ne veux*
> *Devant toi surex-*
> *Poser mes yeux*
> *Derrière un Kleenex*
> *Je saurais mieux*
> *Comment te dire adieu.*

Rappelez-vous aussi l'admirable *Elisa*...

> *Elisa, Elisa, Elisa, saute-moi au cou*
> *Elisa, Elisa, Elisa, cherche-moi des poux*
> *Enfonce bien tes ongles,*
> *Et tes doigts délicats*
> *Dans la jungle*
> *De mes cheveux, Lisa*

Stop ! Réécoutons les deux derniers vers…

Enfonce bien tes ongles,
Et tes doigts délicats
Dans la jungle
De mes cheveux, Lisa

Oui, vous avez bien entendu : Gainsbourg fait rimer *jungle* avec *ongle*. Quoi de surprenant de la part d'un homme capable de faire rimer le *prétex* de *prétexte* avec le *surex* de *surexposer* ? Pourtant, il n'y a là aucune licence poétique : c'est de plein droit que *jungle* se prononce *jongle*. Et contrairement à ce que je croyais, c'est bien dans la *jongle* et non la *jeungle* qu'on trouve les tigres, les orangs-outans et… la poésie.

De même, on prononce *lonbago* et non *lunbago*. Cela se traduit d'ailleurs par le fait que les deux orthographes, *lombago* et *lumbago*, sont permises pour désigner nos douleurs lombaires.

Si l'on prononce *Agin* (Agen), on dit *ajan* (agent). Pour avoir hésité, et proféré un *agenda* un peu indistinct, à mi-chemin entre *ajanda* et *ajinda*, j'ai été bastonné par Martine, de Labouheyre, dans le département des Landes... Martine m'inflige une liste de mots savants, dans lesquels le *en* se prononce *in*, comme, précisément, *agenda*: *appendice, bengali, benzine, pensum, mémento, in extenso, modus vivendi, hendécasyllabe, pentagone, pentamètre, mentor, menthol, rhododendron, placenta.*

FROMAGE MOÉÉÉLLEUX
OU
CHERCHEZ LE *A*

Nous vivons une époque *moééélleuse*. Il suffit de passer quelques minutes devant les publicités diffusées à la radio ou à la télévision pour s'en rendre compte. On nous invite à dormir sur un matelas *moééélleux*. Nos dents s'enfonceront dans cette brioche *moééélleuse*. Le cœur de ce fromage est *moééélleux* à souhait. Et cette banque va jusqu'à nous proposer un crédit *moééélleux*! Dans notre colonne vertébrale se loge la *moééélle* épinière. Un patient doit recevoir une greffe de *moééélle* osseuse. Au restaurant, on sert des os à *moééélle*.

Faut-il être imbibé d'ignorance jusqu'à la moelle pour savoir qu'on dit *moile* et non *moéééle*, *moileux* et non *mouééélleux*? Pardonnez-moi de jouer les fanfarons, mais cette faute-là, je ne la commets pas.

46

Un professeur des écoles (on disait alors « instituteur ») m'apprit un jour que *moelle* (sans tréma) rimait avec *voile* et *étoile*. Je ne l'ai pas oublié. De même, on prononce une *poile* à frire (poêle) et non *pouéééle*.

METTTZ
OU
QUAND METZ VAUT BIEN UNE MESSE

Je suis souvent amené à citer les villes d'où viennent les candidats de « Questions pour un champion ». Mes spectacles, animations et rencontres avec le public me permettent, par ailleurs, de sillonner la France. Sur les chemins parcourus, je croise des Messins, des Burgiens, des Enghiennois, des Auxerrois et, au-delà de nos frontières, des Bruxellois attachés à ce qu'on respecte la prononciation idoine de...

Metz (il faut dire : *Mess*),
Bourg-en-Bresse (*Bourk-en-Bresse*),
Enghien (*Enguin*),

Auxerre (*Ausserre*),
Bruxelles (*Brusselles*).

« L'*x* au milieu des noms propres, m'écrit mon
correspondant PHP, sonne presque toujours comme
ss, comme dans *soixante*, et pas seulement pour
Bruxelles ou Auxerre : Aixe-sur-Vienne, Saulxures.
La même règle se constate pour certains patronymes :
Tixier (qui vient de *tissier*, tisserand), Rouxel (même
étymologie que Rousseau), etc. »

Si le *z* de Metz se dit *s*, le *s* d'Israël ne se prononce pas *z*. On doit donc dire *Issraël* et non *Izraël*.
De même : *Issraélien* et *Issraélite*, et non *Izraélien* et
Izraélite. Pour ces deux derniers mots, on accentue
le *e* d'un accent aigu plutôt que d'un tréma.
Nous tendons, donc, dans Israël, à transformer le
s en *z*. L'inverse advient souvent : pourquoi pronon-
çons-nous parfois *déssuet* (désuet) ou *carroussel* (car-
rousel), quand il faudrait dire *dézuet* et *carrouzel* ? La
prononciation fautive *abassourdi* au lieu d'*abazourdi*
(abasourdi) s'explique mieux : *abasourdi* contient le
mot *sourd*. Trop hâtivement, nous en concluons que
cette syllabe doit se prononcer comme lui. En réalité, c'est ce *s* qu'il faut assourdir pour qu'il cède la
place à un *z* !

CONTREVERSES ET DISGRESSIONS
OU
QUAND CHAQUE LETTRE COMPTE

Un jour, nous entendons prononcer un mot de travers. Le comptable de notre entreprise parle de notre *rénumération*. Nous sentons que quelque chose cloche, mais quoi, en dehors de l'insuffisance dudit salaire ? Nous compulserions volontiers un dictionnaire, si nous en avions un sous la main. L'homme des finances insiste. De nouveau, il évoque notre *rénumération*. Il doit avoir raison. Il est comptable, après tout, peut-être même « expert ». Il connaît son affaire. Bientôt, innocemment, nous reprenons à notre compte la tournure qu'il a employée, lors d'un bavardage avec un collègue qui ne bronche pas sinon pour se plaindre de sa propre *rénumération*. Nous oublions le doute qui nous a saisis la première fois. Par paresse, et parce que ce n'est probablement plus nécessaire, nous ne nous donnerons pas la peine de chercher dans le dictionnaire le mot qui nous trouble.

Si nous le faisions, ce n'est pas ré-*nu*-*mé*-ra-tion que nous trouverions, mais ré-*mu*-*né*-ra-tion…

Rémunération vient du latin *munus*, *muneris*, qui signifient « cadeau », « présent ». Sur cette racine s'est forgé le verbe *remunerare* : « récompenser ». Au lieu de rapprocher *rémunérer* de ses origines latines, que la plupart d'entre nous ignorent, nous pensons à *numéro*, *numérique*, *numéraire* : tous ces mots qui viennent, eux, du latin *numerus*, « nombre ».

Pour peu que nous ayons entendu autrui en faire autant, nous inversons les syllabes d'un mot rendu, de ce simple fait, tout à fait incorrect. Parfois, nous intervertissons deux lettres, nous en ajoutons ou en retranchons une, nous en transformons une autre. Nous déformons les mots, comme le faisaient les envahisseurs barbares tentant de baragouiner la langue des peuples occupés. Dès l'enfance, nous fabriquons ces barbarismes. Nous disons *crocrodile* au lieu de *crocodile*, *disonaure* au lieu de *dinosaure* ou *pestacle* au lieu de *spectacle*.

Ces fautes, excusables de la part d'un enfant qui saisit mal la structure d'un mot, sont plus gênantes pour des adultes car, ici, la mauvaise prononciation trahit un mauvais apprentissage des mots…

On doit ainsi dire et écrire :
Aéroport, et non *aréoport*,
aréopage, et non *aéropage*…
À Athènes, à l'ouest de l'Acropole, l'aréopage désignait une colline consacrée à Arès, le dieu de la guerre et de la destruction. Un groupe d'hommes intègres y tenait conseil, et prenait des décisions de justice. Par extension, aréopage désigne un groupe réuni en une circonstance un peu solennelle. Le mot vient donc de *Arès,* et non, comme *aéroport*, de *aeros*, qui veut dire « air ».

Veillons donc à ne pas remplacer le *aéro* par *aréo*, et réciproquement. On dit *aérodrome, aéronef, aérophagie, aéroplane*, etc. Mais on dit *aréomètre* pour désigner l'appareil destiné à mesurer la concentration d'un liquide.

Encore quelques erreurs à éviter :

Antédiluvien (avec le préfixe *anté*, qui vient du latin et qui signifie « avant »), et non *antidiluvien* (avec le préfixe *anti*, qui vient du grec et qui signifie « contre »). *Antédiluvien* signifie « *avant* le déluge ».

Astérisque, et non *astérique* ou, pis, *Astérix*.

Caparaçon (qui vient de l'espagnol *caparaçon*, luimême dérivé du latin *capa*, « manteau », et non *carapaçon*), car un animal *caparaçonné* est couvert d'une *cape* et non d'une *carapace*.

Controverse, et non *contreverse*.

Digression, et non *disgression*.

Dilemme, et non *dilemne*, bien que cette faute apparaisse sans cesse dans la bouche des journalistes et dans les pages des magazines.

Et cetera (qui, en latin, signifie « et tout le reste »), et non *ekcetera*.

Fruste et non *frustre*. Le terme *frustre*, erroné, confond et contracte en un seul mot *fruste* (qui veut dire « mal dégrossi ») et *rustre* (malpoli, sans éducation).

Hypnotiser, et non *hynoptiser*.

Il vaut mieux, et non *il faut mieux*.

Infarctus, et non *infractus*.

Infinitésimal, et non *infinidécimal*.

Intrinsèque, et non *intrasèque*.

Obnubiler, et non *omnubiler* ou *obnibuler*.

Opprobre, et non *opprobe*.

Pérégrination, et non *périgrination*.

ROOSEVELT ET ALONZO
OU
LES VISITEURS ÉTRANGERS

La mondialisation fait voyager les mots. Qu'il est doux de retrouver chez nous ces amis venus de si loin... Les mots étrangers sont comme des visiteurs que nous voudrions honorer. Au lieu de cela, nous écorchons leur nom ! PHP, d'Oloron-Sainte-Marie, André et quelques autres m'accusent d'en avoir maltraité plus d'un. Voici le florilège de ces mots qu'il faut prononcer à la mode de chez eux...

Allemand

En allemand, le *w* sonne comme le *v* français. On dit donc *vagon, vag-ner, schveitzer, vagram, valter, villy*, et non *ouagon, ouaagner, schoueitzer, ouagram, oualter* ou *ou-illy*.

54

Comme, dans la même langue, le *e* se prononce *é*, le nom de famille de Wolfgang Petersen, metteur en scène des films *Troie* ou *L'Histoire sans fin*, se prononce *Pétersen* et non *Pitersen*. Il en est de même du prénom *Peter* (*Péter*). Marlene Dietrich n'a, à ma connaissance, jamais tourné pour ce réalisateur qui, allemand comme elle (avant qu'elle n'acquît la nationalité américaine à l'âge de trente-six ans), ne l'aurait jamais appelée *Dié-triche*, mais *Di-trich*.

À propos de prononciation allemande, un correspondant érudit m'écrivit un jour : « Nous avons vécu un moment d'horreur : vous avez parlé d'un *beau os*. Je suivais distraitement l'émission et j'ai sursauté. J'ai enseigné pendant des années qu'en français, devant un nom commençant par une voyelle ou un *h* muet, l'épithète *beau* devient *bel* comme dans *un bel oiseau*, *un bel homme* ou *un bel os*, et non *un beau os* ! Rétablissant aussitôt la vérité, j'ai éclaté de rire ! Votre *beau os* était en réalité le *Bauhaus*, mouvement d'architecture et d'arts appliqués allemand fondé en 1919. Le *Bauhaus*, que vous avez prononcé *beau os* ! En réalité, le mot Bauhaus résulte du rapprochement de *Bau* (prononcer *baou*), "construction", et de *Haus* (prononcer *haous*), "maison". *Haus ist im bau* signifie ainsi : "La maison est en construction." Je conclus : un homme cultivé ne saurait ignorer ce que fut le Bauhaus et comment ce nom se prononce... »

Merci à ce cher correspondant qui, je l'espère, n'aura jamais à subir de pire horreur que celle-là. *Horreur : violent saisissement d'effroi accompagné d'un recul physique ou mental, devant une chose hideuse, affreuse*, nous dit le *TLF* (*Trésor de la langue française*). À trop mettre d'épices dans son langage, on finit par en perdre la saveur…

Restons en Allemagne pour rappeler que le Bundestag – qu'on ne prononce pas *bundechtague*, mais *bundes-tag* – se trouve à Berlin qui, en 1990, a succédé à Bonn, qu'on prononce *bonne* (avec un *o* ouvert), et non *beaune* (avec un *o* fermé), comme capitale du pays.

Dernier hommage à l'Allemagne : c'est de ce pays que nous vient le *hand-ball*, qu'on a tort de prononcer à l'anglaise (*hand bol*) quand il faudrait dire *hand bal*.

Anglais

J'entends parfois dire qu'il faisait frais à Flushing *Midows* (Flushing Meadows) lors de l'US Open de tennis. Les spectateurs enfilaient leur *switeur* (sweater), et les joueurs leur *switsheurt* (sweatshirt), alors que le *ea* de ces mots se prononce *è*. On devrait donc dire Flushing *Mèdow*, *swèter* ou *swètshirt*, de même que Ronald *Règan* (Reagan). Dites *sweetshirt* (prononcé *switsheurt*) à un Anglo-Saxon : il se demandera quelle langue vous parlez. Ainsi prononcé, ce mot ne veut rien dire en anglais, sinon « chemise douce » (*sweet shirt*). Si vous voulez parler d'un *sweatshirt* (prononcé *swètsheurt*), il comprendra qu'il s'agit d'un vêtement fait pour absorber la sueur (*sweat*).

Le patronyme de Franklin Delano Roosevelt, l'un des plus célèbres Présidents des États-Unis recèle un piège. Le regretté Jacques Capelovici pestait contre ceux qui le prononcent *roussevelt*, alors qu'on doit dire *rose-velt*, en commençant par le mot *rose*. Une telle prononciation se justifie, disait-il, par le fait que Roosevelt vient du néerlandais, et non de l'anglais.

Je me rappelle que Jacques Capelovici, homme de lettres et homme de télévision à la fois – ce qui prouve qu'on peut marier ces deux vocations – parlait plusieurs langues. Agrégé d'anglais, il pratiquait aussi l'allemand, l'italien et même le scandinave ancien. Il se gaussait de tous ceux qui s'empêtraient, par manque de jugeote, dans la prononciation des vocables étrangers.

L'empressement de certains amateurs de sport à transformer *smash* et *squash* en *smatch* et *squatch* le

faisait rire. « Il faut vraiment ne pas savoir lire ! »
s'esclaffait-il. Le même Jacques Capelovici insistait
sur le fait que Chicago ne se prononce pas *tchicago*. Il
aurait été sidéré d'entendre, lors de la présélection
des candidats de « Questions pour un champion »,
l'un d'eux répondre à une question sur l'Ancien
Testament en évoquant le *Livre de Job*... prononcé à
l'anglaise : *djob*, comme « travail », « boulot » !

Danois

Groenland (qui signifie « vert pays ») ne se dit
pas *gro-enn-land*. Le mot se prononce en deux syllabes seulement, comme le font les Anglais avec
Greenland ou les Allemands avec *Grünland*. Si vous
prononcez *Greunland*, vous vous approcherez de la
vérité. Si, comme le suggérait Paul-Émile Victor,
vous grognez légèrement la première syllabe (*greu-
gnland*), vous mériterez de devenir citoyen d'honneur de Nuuk, la capitale de ce pays, que les Inuits,
ses habitants, appellent le Kalaallit Nunaat !

À noter : le tréma sur le *e* de Groenland a disparu
depuis le milieu du XIXe siècle.

Espagnol

Un correspondant me met en garde sur la manière
dont j'ai prononcé le nom d'un candidat d'origine
espagnole : « Je vous rappelle que Fernandez se dit

fernandèss et non *fernandèze*, et qu'Alonso se prononce avec le son *s*, rien ne justifiant un *z* : *Alonsso*. »

Le contact avec les nombreux étrangers qui participent à « Questions pour un champion » m'a enseigné par ailleurs qu'on doit prononcer *kito* (et non *couito*) pour Quito, capitale de l'Équateur.

Italien

Réglons son compte à la faute de prononciation la plus fréquente dans les mots d'origine italienne : *gl* doit se prononcer *l*. Je passe assez de temps à proximité de l'Italie pour le savoir depuis longtemps.

Tagliatelle devient donc *taliatelle*,
Modigliani devient *Modiliani*,
Imbroglio devient *imbrolio*.

Néerlandais

« Vous avez beaucoup de progrès à faire, m'écrit André, de Saint-Laurent-la-Roche, si vous voulez apparaître, un peu, cultivé et compétent. Un bon point, cependant… »

Mon cœur s'arrête. Le si sévère André serait-il capable, parmi les silex qu'il me lance à la figure, de me jeter aussi une fleur ? C'en est bien une qui suit. « Nous vous entendons désormais parler des Boers (des *Bours*) et non plus des *Boérsses*. C'est bien, mais il a fallu du temps ! »

En effet, André, on donna aux pionniers blancs néerlandophones venus peupler l'Afrique du Sud le surnom de *Boers*, qui signifie « paysans ». Et ce mot se prononce *Bours*.

Tout compliment venant d'André est comme un diamant : rare, donc précieux. Un diamant que je n'aurai pas à acheter chez *Van Cliff* car, en néerlandais, l'*ee* de *Van Cleef* se prononce comme un *é* allongé et non comme un *i*.

Continuons notre croisière linguistique sur notre *yacht*, mot dérivé du néerlandais *jacht*, et qui devrait se prononcer *yak* et non *yaute*.

Portugais

On ne dit pas Rio de *djaneiro*, mais Rio de Janeiro, comme dans *janvier* qui se dit, précisément, *janeiro*.

ALLONS-AU ZOU
OU
LE BESTIAIRE
DES PRONONCIATIONS ERRONÉES

Si vous devez, comme votre serviteur, intervenir à la radio ou à la télévision, voici un abrégé des prononciations à favoriser afin d'éviter le bûcher, que tant d'auditeurs et spectateurs sont si prompts (attention, on ne prononce pas le dernier *p*) à embraser...

Dégingandé

Dire *déjingandé* et non *déguingandé*. Le mot désigne celui, trop grand et que son corps encombre, dont la démarche est maladroite ou déhanchée.

Fuchsia

Le nom de cette fleur, que Zola comparait à un « joujou du Japon garni d'un million de clochettes », se prononce *fuxia* et non *fuchia*.

Fusilier

Fusi-lié, et non *fusillé*. Le fusilier est un soldat armé d'un fusil, et non celui qu'on passe par les armes et qui est, lui, bel et bien fusillé.

Immanquable, immangeable

Prononcer *in-manquable*, *in-mangeable*, et non *im-manquable* ou *im-mangeable*.

Maelström

Ce mot s'inspire du néerlandais *mal*, ou *wall*, qui veut dire « tourbillon » et, venant de la même langue, *strøm*, « courant ». Un maelström est un courant qui forme de puissants tourbillons. Le phénomène fut initialement observé en Norvège, près des îles Lofoten. On prononce *malstreum*.

Million, milliard

Dire *mi-lion*, *mi-liar*, et non *miyon* ou *miyard*.

Pusillanimité

Prononcer *pusi-la-nimité*. La pusillanimité est le propre de celui qui manque de courage. Un petit bras, mou du genou !

Solennel

Dire *solanel*, et non *solan-nel*.

Zoo

Diminutif de parc *zoologique*. De même qu'on ne dit pas *zoulogique*, on ne va pas au *zou*, mais au *zoho*.

UN HEURO, DEUX HEUROS, CENT HEUROS OU LES LIAISONS DISPARUES

L'écrivain et essayiste Jean-Joseph Julaud a baptisé *europathie* la maladie qui consiste à s'interdire de lier le mot *euro* avec celui qui le précède. Par exemple : vingt *heuros* au lieu de *vinteuros*. Pour ma part, chaque fois que j'y succombe, ce ne sont ni des infirmières attentionnées ni des médecins dévoués qui se précipitent à mon chevet, mais des vigiles, armés de gourdins et impatients d'assommer le malade. Ils protègent la Sainte-Liaison. La Liaison sacrée. Celui qui ne sacrifie pas à leur déesse tombe sous leurs coups. Ils se montrent indulgents envers bien des pécheurs, mais cette faute-là réveille immanquablement leur hargne.

Un bon tiers des courriers reçus au service des relations avec les spectateurs des grandes chaînes de télévision concerne les liaisons disparues… Alors, disons-le sans-z-ambages : il faut respecter les règles…

On lie un mot dont la dernière lettre est une consonne muette à celui qui commence par une voyelle. Un animal : *un-n-animal*. Des anges : *des-z-anges*. Des amoureux : *des-z-amoureux*. Trois oiseaux : *trois-z-oiseaux*. Dix otaries : *dix-z-otaries*. Ton amie : *ton-n-amie*. On aime : *on-n-aime*. Dans un lac : *dans-z-un lac*. Sous un ciel bleu : *sous-z-un ciel bleu*. Pas à pas : *pas-z-à pas*. Il faut être honnête : *il faut-t-être honnête*. Il est arrivé : *il est-t-arrivé*. Un affreux alligator : *un affreux-z-alligator*. Vous êtes là : *vous-z-êtes là*.

De la même manière, on lie un mot dont la dernière lettre est une consonne muette à celui qui commence par un *h* muet. Un homme : *un-n-homme*. Un hélicoptère : *un-n-hélicoptère*. Sans hésiter : *sans-z-hésiter*. Six huîtres : *six-z-huîtres*. Des ouvriers habiles : *des-z-ouvriers-z-habiles*.

Quelques exemples de mots commençant par un *h* muet : *habile, habit, habitat, habitude, haleine, hallucination, haltère, hameçon, harmonie, hébergement, hébreux, hectare, hégémonie, hélice, hémicycle, herbe, hérédité, héritage, héroïne, héroïsme, hétérogène, hippique, histoire, huissier, hypoténuse.*

Si le verbe se termine par une voyelle, on le lie à son sujet en ajoutant une consonne pour éviter les dissonances : Manges-en (*mange-z-en*) au lieu de *mange-en*. Va-t-il venir ? au lieu de *va-il venir* ?

Parfois, on change la prononciation de la dernière consonne du premier mot lié. Quand il pleut devient *quan-t-il* pleut, et non *quand-d-il* pleut. Un grand enfant devient un *gran-tenfant* et non un *grand-denfant*.

Il en va différemment quand le deuxième mot commence par un *h* aspiré. Oui, un *h aspiré*. Comment a-t-on pu inventer pareille appellation pour désigner le *h* placé en tête, par exemple, du mot *hareng* ?

Prononcez, s'il vous plaît, le mot *hareng* ! Avez-vous vraiment l'impression de l'aspirer ? Si je me fie au dictionnaire de l'Académie française, *aspirer* signifie : « Attirer l'air extérieur dans ses poumons. Exemple : aspirer un bol d'air frais. » Mais quand je dis *hareng*, je n'aspire pas, j'expire ! La preuve : si je me place à un centimètre d'un miroir, le *ha* de *hareng* produit un peu de buée !

J'ai trouvé la clé de l'énigme dans les ouvrages du formidable Alain Rey. Au XVIIIe siècle, *aspirer* ne voulait dire que « respirer ». Puis, on lui a donné le sens de « souffler ». Et, en effet, pour dire *hareng*, je souffle. On parle alors de *h* aspiré, c'est-à-dire, en réalité, *soufflé*. Au XIXe siècle, les sens d'*aspirer* se réduiront. On ne retiendra plus que l'action d'attirer l'air dans ses poumons. Voilà pourquoi l'on parle d'un *h aspiré* quand il est, en fait, *expiré*.

Les *h* aspirés se trouvent en tête d'une longue liste de mots parmi lesquels *hache, haine, hamac, hanneton, hangar, hardi, hargne, harpe, harpon, hasard, hautbois, hauteur, hérisson, héros* (alors qu'*héroïsme* ou *héroïne* commencent par un *h* muet), *hibou, hideux, homard, honte, hublot* ou *hutte*...

Pardon ? Que dites-vous ? J'en oublie un ? Mais oui, bien sûr ! Le fameux, le notable, le remarquable *haricot*. Comment le haricot est-il devenu le symbole même de la règle qui prescrit qu'on ne fait PAS la liaison avec un mot qui commence par un *h* aspiré ? Qu'avait-il, ce haricot, de plus que le hululant hibou ou que le charmant hérisson ? Notez que j'ai bien dit *hululant/hibou* et non *hululant-t-hibou*. *Charmant/hérisson*, et non *charmant-t-hérisson*. De même, je m'efforce de dire *des/hhharicots* et non *des-z-haricots*. Proclamons à ce sujet l'absurdité de la rumeur selon laquelle une réforme aurait autorisé cette dernière liaison.

J'ai parlé des vigiles de la liaison, armés de leur bâton. Je les sens s'approcher de moi et exiger que je baisse la tête en signe de repentance. Car nous voici arrivés à la faute suprême, que j'ai tant de fois commise : le défaut de liaison avant le mot *euro*...

Oui, j'ai dit *deux/heuros*, j'ai dit *cent/heuros*, *dix/heuros*, *quatre-vingts/heuros* et *deux cents/heuros*, alors que j'aurais dû dire *deux-z-euros*, *cent-teuros*, *dix-z-euros*, *quatre-vingts-z-euros* et *deux cents-z-euros* !

Vous avez été si nombreux à me tomber sur le râble que je me suis amendé depuis longtemps. Je suis prêt à parier cent-t-euros que vous ne m'y reprendrez plus. Baissez vos gourdins. Évitez-moi la chiourme. Éloignez vos galères.

ÇA VA-T-ÊTRE DIFFICILE
OU
LA FANFARE DES PATAQUÈS

Ça va-t-être difficile, aurais-je déclaré, un jour, à un candidat de « Questions pour un champion » qui avait à remonter une pente un peu raide pour, comme on le dit dans le monde du football, *revenir au score*. Je n'ai aucun souvenir d'avoir laissé passer cette incongruité, mais qui sait ? Les émissions sont enregistrées en rafales, plusieurs dans la même journée. La fatigue ne prend jamais le pas sur l'enthousiasme que j'ai à présenter ce programme. Cependant, j'admets avoir pu traverser un instant d'inattention ou de saturation.

En réalité, je n'accepte l'accusation que pour le plaisir de vous retranscrire l'étrange conversation que j'eus, un jour d'été, avec Jacques Capelovici. Maître Capello, ainsi qu'il se fit appeler pendant plus de vingt ans dans les émissions cultes « Les Jeux de vingt heures » et « Francophonissime », cachait sous les airs sévères de l'arbitre un esprit facétieux. Il aimait faire passer les épreuves du baccalauréat aux détenus de la prison de Fresnes. Il avait foi en l'homme et croyait à la réhabilitation par l'éducation. Cependant, en débarquant du fourgon de police qui l'amenait à la prison, il jubilait surtout à l'idée de ressembler, devant les caméras, à un gangster qui descend d'un panier à salade.

Ce jour d'été, donc, Jacques Capelovici me parla de *cuirs* et de *velours*. Il était linguiste, professeur, homme de télévision, mais j'ignorais qu'il s'était reconverti dans les matériaux d'ameublement. Je suis moi-même un grand amateur de décoration. Je fus donc presque tenté de lui parler des avantages de la fibre de lin pour la tapisserie. Heureusement, je compris *in extremis* qu'il me parlait des *pataquès* qu'on commettait si volontiers à la télévision !

Un pataquès consiste à remplacer à la fin d'un mot un *s* par un *t* et inversement, ce qui produit une liaison malencontreuse. On aboutit au même résultat en faisant entendre une consonne qui n'existe pas à la fin du mot précédent. En somme, une liaison mal-t-à propos…

Quand la liaison se fait avec un *t* superflu, on aboutit à un cuir, comme dans mon malheureux « ça *va-t-être* difficile pour vous ». Quand elle intro-

duit un *s* inutile, on parle de velours, comme dans
« pour *moi-z-aussi* ».

Des cuirs : *Si tu ne viens pas à Lagardère, Lagardère
ira-t-à toi. Ce n'est pas-t-à moi. Marlborough s'en va-
t-en guerre.*

Des velours : *Cent-z-euros. J'y ai-z-été. Entre qua-
tre-z-yeux* (passé dans le langage courant sur le mode
ironique, tout comme le bal des *Quat'z'arts*).

Dans son *Petit Dictionnaire des expressions nées de
l'histoire*, Gilles Henry attribue à François-Urbain
Domergue, un grammairien du XVIIIe siècle, ce
récit amusant sur la naissance supposée du mot
pataquès.

« Un soir, au théâtre, un jeune homme est ins-
tallé dans une loge, à côté de deux femmes du
demi-monde peu discrètes et encore moins culti-
vées mais qui veulent se donner l'air de parler le
beau langage en faisant des liaisons. Un éventail
tombe à terre. Le jeune homme le ramasse et dit à
la première :

"Madame, cet éventail est-il à vous ?

— Il n'est point-z-à moi.

— Est-il à vous ? demande le jeune homme à la
seconde.

— Il n'est pas-t-à moi.

– Il n'est point-z-à vous, il n'est pas-t-à vous, mais alors, je ne sais pat-à-qu'est-ce !" »

Il suffit d'un défaut d'attention pour laisser filer un pataquès. Il arrive aussi que le pataquès ne soit que la manifestation d'un esprit aussi facétieux que celui de Jacques Capelovici... ou de Georges Brassens qui produisit un jour, dans *Corne d'auroch*, ce superbe velours :

> *L'État lui fit des funérailles nationales,*
> *Alors sa veuve en gémissant,*
> *Au gué, au gué,*
> *Coucha-z-avec son remplaçant,*
> *Au gué, au gué*
> *Alors sa veuve en gémissant,*
> *Au gué, au gué,*
> *Coucha-z-avec son remplaçant.*

2

MESSIEURS LES ANGLAIS...

Messieurs les Anglais, tirez les premiers ! Il n'a pas fallu le leur dire deux fois. Ils ont tiré, non des balles mais des mots, et fait de leur langue la *lingua franca* du XXIe siècle. Au Moyen Âge, la *lingua franca* (la *langue franque*) permettait aux habitants du pourtour méditerranéen de se comprendre et de commercer. Elle se composait d'un amalgame d'italien, d'espagnol, d'occitan, de catalan. Elle empruntait son vocabulaire au portugais, à l'arabe, à l'hébreu ou au maltais. Bien avant cela, le latin avait servi au même usage : unifier le monde romain et proposer à tous un langage commun.

Le propre d'une *lingua franca*, c'est qu'elle ne vise pas à l'esthétique littéraire. Il suffit qu'elle soit accessible à tous, compréhensible et susceptible de se décomposer en éléments simples. C'est ainsi que l'anglais international diffère substantiellement de l'anglais authentique, tel qu'on le pratique à Oxford ou à Cambridge. Il s'agit d'un anglais simplifié, parfois caricatural, mais grâce auquel un Japonais peut échanger quelques mots intelligibles avec un Argentin, et un Suédois établir un dialogue sommaire mais efficace avec un Qatari.

Bien que né à Paris, je me considère comme méditerranéen. Je sais donc l'utilité d'un socle linguistique partagé par tous, qui permet aux hommes de dialoguer en dépit de leurs différences. Il me semble que l'existence d'une *lingua franca* du XXIᵉ siècle – l'anglais – est une chance pour le monde. La culture américaine, perçue à tort ou à raison comme universelle, et l'emploi sans limites de cette langue dans les technologies de l'information l'ont imposée sur les cinq continents. Cette langue universelle, bien sûr, je préférerais que ce fût le français. Hélas, notre langue a perdu cette bataille ! La faute, sans doute, à Napoléon, qui vendit la Louisiane aux États-Unis en 1803. La Louisiane de l'époque représentait plus de 22 % de la surface des États-Unis d'aujourd'hui. Le monde serait-il francophone si l'on avait continué de parler français de l'Arkansas au Montana, du Missouri au Colorado, et si les Français avaient doublé les Anglais au-delà du Québec ? Nous ne le saurons jamais, car on ne refait pas l'Histoire.

Je n'ai donc, par principe, aucun rejet de l'anglais. Cependant, les emprunts que nous lui faisons me paraissent parfois fort coûteux…

IMPACTER LE PROCESS
OU
LES EMPRUNTS INUTILES

Commençons par les anglicismes inutiles ou ridicules. Difficile d'en établir le palmarès, tant la liste s'en allonge de jour en jour.

Best of

Tout le monde s'accorde à reconnaître que *best of* n'enrichit en rien ce qu'évoque le si joli *florilège*, qu'on devrait utiliser à sa place.

Pourtant, *best of* continue de prospérer, souvent enlaidi d'une faute d'orthographe paradoxale, *best off*. *Best of* signifie littéralement « le meilleur de ». Et *best off* : « le meilleur en moins » !

Caractère

« Les actionnaires de Marvel ont approuvé le rachat de leur entreprise par Disney », me dit une gazette du web. Le texte précise aussitôt que Disney mettra ainsi la main sur un catalogue de cinq mille *caractères* de bande dessinée. Si j'en crois mon logiciel de traitement de texte, le paragraphe que je viens d'écrire totalise à lui seul près de deux cent cinquante caractères. Le livre que vous avez entre les mains en compte sans doute plus de trois cent mille. Si Disney cherche des caractères, je peux lui en fournir !

En réalité, le mot anglais *character* (« personnage »), a été purement et simplement recopié et adapté. La nièce d'un ami, qui endosse chaque été la panoplie de Bianca à Disneyland Paris, m'informe que *caractère* y remplace systématiquement *personnage* dans le vocabulaire de l'entreprise et les notes de service.

Dû à

Dû à vaudra une mention spéciale à Air France. Si mon vol pour Nice ou Brest est retardé, c'est toujours, selon la jeune femme qui parle dans le micro de la porte d'embarquement, *dû à* l'arrivée tardive de l'appareil. Encore une traduction littérale de l'anglais *due to*. Que reprochent les compagnies aériennes françaises à *en raison de* ou à *à cause de* ? J'en suis encore à me poser la question.

Endorser

On m'a demandé récemment si je voulais *endorser* une cause charitable. Je me suis senti stupide. Comme souvent, mon sens de la musique des mots m'a sauvé. J'ai supposé qu'il s'agissait d'une nouvelle version – copiée sur l'anglais *to endorse* – de *endosser*. J'en ai déduit que mon interlocutrice me demandait si je voulais cautionner, soutenir la cause en question. Je suppose que c'était celle des handicapés linguistiques.

En ligne avec

Cette expression est la traduction servile et littérale de *in line with*. Les financiers, banquiers, courtiers et journalistes spécialisés en économie la préfèrent à *conforme*, qui veut dire la même chose, de manière simple et efficace. Exemple : *Les marges nettes de l'entreprise sont en ligne avec les prévisions*, au lieu de *Les marges nettes de l'entreprise sont conformes aux prévisions*. *En ligne avec* cumule deux ridicules : celui des anglicismes absurdes et celui des abus de jargon.

Futur

Un regret, au passage : le remplacement quasi systématique du beau mot d'*avenir* au bénéfice de *futur*. Autrefois, un jeune parlait de son avenir. Aujourd'hui, il évoque son futur. Là encore, une contamination de l'anglais, qui ne connaît que le second...

Interroger

Interroger, utilisé en lieu et place de *mettre en cause*, *mettre en question*, s'est répandu comme une flaque d'eau. Par ignorance ou pédantisme, on reproduit l'usage du verbe anglais *to question* qui, dans l'acception dont nous parlons, ne veut pas dire « questionner » mais, précisément, « mettre en question ». On *questionne* donc, bien à tort, la politique du gouvernement ou l'arbitrage d'un match de football au lieu de les *mettre en cause*. On *interroge*, abusivement, la pertinence d'un texte, la couleur dont on a peint une pièce ou l'assiette dans laquelle la soupe a été servie.

Mix

Mix remplace couramment *mélange*. Autrefois, un Bellini était un mélange de champagne et de jus de pêche. Aujourd'hui, c'est un *mix*. L'empiètement du monde de la nuit sur celui du jour conduit à ce que prévale le vocabulaire des *disc-jockeys* – là, honnêtement, je ne vois pas quel autre mot utiliser ! Eux mixent de la musique sur des platines. Sur celles des médias branchés tourne sans cesse le mot *mix,* employé sans aucun gain à la place de *mélange. Le Post*, filiale du quotidien *Le Monde* sur Internet, offre, selon les termes placés sous le titre, le *mix* de l'info. Tel objet technologique, dirait Thierry Ardisson, est un *mix* de modernité et de nomadisme...

Supposé/Censé

Avec s*upposé*, nous empruntons à l'anglais, inutilement, son *supposed.* En bon français, mieux vaut employer *censé.* Quand on passe à l'Olympia, on n'est pas *supposé* être capable de chanter mais *censé* l'être. On ne dit d'ailleurs pas « Nul n'est *supposé* ignorer la loi », mais « Nul n'est *censé* ignorer la loi ».

Ne pas confondre avec *sensé* : qui a du bon *sens.*

Supporter

Sans doute est-il encore temps d'abandonner le verbe *interroger* afin de rétablir dans ses droits l'expression *mettre en question.* Il est en revanche trop tard pour défendre le verbe *soutenir*, désormais supplanté par *supporter.* En principe, on *supporte* la mauvaise humeur de son conjoint, les caprices de ses enfants et l'arrogance de son patron. Une étagère *supporte* une rangée de livres. Un piédestal *supporte* le buste de Marianne. Mais on *soutient* son équipe favorite, son fils qui passe le bac ou un héros en lutte.

Le journalisme sportif est passé par là, de même que l'anglais *to support*, et le distinguo entre *soutenir* et *supporter* n'est hélas plus qu'une préciosité de puristes.

*

Les traductions abusives dont je viens de parler n'en sont pas moins exactes. Ce n'est pas le cas des suivantes, qui trahissent l'anglais en même temps que le français.

Administration

On parle souvent de l'*administration américaine*. Exemple : l'*administration* américaine s'oppose à de nouveaux actes de colonisation de l'État hébreu. En réalité, les Américains disent *administration* pour *gouvernement*. C'est donc, en réalité, du gouvernement américain qu'il s'agit. De même, on évoque, tous les quatre ans, la *convention* du parti démocrate. On affirme que la convention des Républicains devra choisir son candidat à l'élection présidentielle.

Convention, ici, traduit le mot *congrès*. On devrait, par conséquent, évoquer le *congrès* du parti démocrate, ou le vote du *congrès* républicain en faveur de tel ou tel candidat. Erreur regrettable mais il y a pire, si l'on dresse le tableau d'horreur des anglicismes les plus moches... et les plus inutiles. Le monde de l'entreprise, en particulier, constitue un véritable bassin de culture où prolifèrent les anglicismes et une sorte de pédanterie pseudo-moderne.

Choquer

En français, *choquer*, aussi bien que le verbe anglais *to shock*, signifie « offusquer ». L'intrusion d'un homme nu à Buckingham Palace a *choqué* la reine d'Angleterre. La vue d'un sein *choque* les pudibonds. La grossièreté des vedettes de téléréalité *choque* les spectateurs.

En anglais, mais en anglais seulement, *to shock* veut aussi dire « traumatiser ». *The victim was shocked* : la victime était *traumatisée*. Les médias français se sont récemment alignés sur l'anglais, et donnent désormais à *choquer* un sens physique : le rescapé d'une catastrophe était *choqué*. On ne peut pas encore interroger les survivants, trop *choqués* pour s'exprimer.

Cette utilisation est impropre. En cas d'accident, une personne est *sous le choc*. Si elle est *choquée*, c'est qu'elle se scandalise d'un événement qui heurte sa sensibilité. Si je dis que les Américains sont *cho-qués* d'apprendre qu'un membre du parlement uti-lise Twitter pour diffuser des photos de son sexe, cela veut dire que leur pudeur a été offensée, et non qu'ils sont tombés de leur chaise, se causant par là même un traumatisme physique.

Compléter

Il faudra encore dix minutes pour que le télé-chargement en cours sur mon ordinateur soit *com-plété*. « Si vous avez complété votre travail, fermez le dossier », me demande quelques instants plus tard le système d'exploitation. Il confond évidemment *compléter*, qui veut dire *augmenter*, *rendre complet*, avec *achever*. En effet, en anglais, langue maternelle de mon ordinateur, *to complete* peut être pris dans le sens de *finir*.

Ainsi parlent les *geeks* (voir ce mot), autre angli-cisme qui désigne des fanatiques de réseaux et d'in-formatique, obsédés par leur passion au point de lui consacrer tout leur temps.

Confortable (se sentir confortable)

S'il est bien rembourré, un fauteuil est confor-table. Un lit peut l'être, si ses ressorts ne sont pas détendus. Une chaise confortable offre une assise qui laisse ses aises à l'arrière-train, tandis que le dossier maintient le dos. Une personne ne peut pas être *confortable* ou *se sentir confortable* à moins que vous n'ayez, pour des raisons qui relèvent de votre vie privée, l'intention de vous coucher sur elle.

L'hôte qui vous demande « Êtes-vous confortable ? » vous confond avec un matelas. La formule est une traduction littérale – et inappropriée – de l'anglais « *Are you confortable ?* »

Retenons donc qu'en français, *confortable* ne s'applique pas aux êtres vivants.

Crasher

Un Anglo-Saxon se réjouira de ce que les Français préfèrent si souvent le mot *crasher* au classique *écraser*. Quand ils apprennent qu'un avion s'est *crashé*, ou mieux encore que « Tiger Woods a *crashé* son mariage », comment douteraient-ils de la suprématie de l'anglais ? Mais ils se tordent de rire quand ils entendent des Français dire qu'un appareil s'est *scratché* ! En effet, le verbe *to scratch* veut dire « égratigner », « rayer », « érafler » ! On aboutit ainsi à ajouter un contresens à un anglicisme.

Délivrer un message

On peut *délivrer* un messager si l'ennemi l'a fait prisonnier, mais on *remet* un message, une lettre ou

un colis. On le *transmet*. On le *livre*. *Délivrer* signifie
«rendre libre», et ne fait ici que traduire inop-
portunément le verbe anglais *to deliver* dans une
langue qui mériterait, elle, d'être délivrée de tels
emprunts.

DJ

On abrège aujourd'hui en *DJ* l'expression *disc-
jockey* Mais attention, en anglais, la lettre *g* se prononce *dji*, et la lettre *j* se prononce *djé*. Le virtuose
qui enchaîne et mixe les disques dans une boîte de
nuit est donc un *di-djé*, et pas un *di-dji*... Précisons
que ce mot anglais, assemblage de *disque* et de *jockey*,
fut créé en 1935.

Expertise

Quand ma voiture est abîmée, la compagnie d'assurance envoie un expert. Celui-ci procède à une
expertise. Un tribunal peut demander qu'une *expertise* médicale soit pratiquée sur une dame âgée qui
semble dépenser ses milliards sans compter. Avant
de vendre la croûte dénichée dans votre grenier,
vous demanderez une *expertise* à un spécialiste de
l'art. Ces exemples montrent que le mot *expertise*
s'emploie pour qualifier une procédure de d'analyse
pratiquée par un expert.

L'anglais *expertise*, qui peut se traduire par *compétence*, semble avoir déteint sur quelques beau-parleurs ignorants (oui, bien que cette locution ne figure pas au *Trésor de la langue française*, je calque le pluriel de *beau-parleur* sur celui de *haut-parleur* : qui parle haut, qui parle beau), même si d'autres dictionnaires écrivent : « beaux parleurs »...

Disons-le donc haut et beau : *expertise* ne signifie *compétence* qu'en anglais. Il est absurde de dire : « Notre cabinet propose à ses clients une grande expertise en matière d'enfilage de perles. » Ou « Mon plombier bénéficie d'une belle expertise pour déboucher les tuyaux. » En revanche, « J'ai sous les yeux le rapport d'expertise destiné à mon garagiste » est pertinent. De même, « L'expertise réalisée par mon plombier prouve qu'un excès de calcaire bouche les tuyaux » est tout à fait correct.

Globalisation

En anglais, *global* désigne ce qui se rapporte au globe, donc à la planète. En français, *global* signifie *général*, et évoque ce qui est vu en bloc, dans son entier. *Globalisation* devrait donc se traduire par *mondialisation*, et non par *globalisation* qui, en français, signifie « généralisation ».

Impacter

Disons-le sans fioritures : *impacter* n'existe pas en français. Le verbe anglais *to impact* doit se traduire par : influencer, entrer en collision, produire des conséquences sur, produire des effets (positifs ou négatifs) sur, avoir une incidence sur, avoir des répercussions sur, avoir une importance pour, influer sur, agir sur, peser sur, jouer un rôle dans, se faire sentir sur ou se répercuter sur.

L'Office québécois de la langue française propose les exemples fautifs suivants, et leur forme correcte :

On dira « La capsule spatiale a percuté le sol à plus de 300 km/h », plutôt que « La capsule spatiale a impacté le sol à plus de 300 km/h ».

« Ce nouveau contrat aura une incidence sur les profits de l'entreprise » sonnera toujours mieux que « Ce nouveau contrat impactera les profits de l'entreprise. »

Il faut préférer « L'utilisation du logiciel peut avoir des répercussions sur le fonctionnement du système d'exploitation » à « L'utilisation du logiciel peut impacter le fonctionnement du système d'exploitation ».

« Les aliments riches en gras peuvent nuire à notre santé » est correct, alors que « Les aliments riches en gras peuvent impacter notre santé » ne l'est pas.

Initier

Il fut un temps où l'on entreprenait une action. On amorçait un mouvement. On lançait une mode. On prenait une initiative. On instaurait une politique. On engageait une discussion. Cependant le monde de l'entreprise, recevant aussitôt le soutien des médias, découvrit que le verbe anglais *to initiate* pouvait remplacer *amorcer, lancer, instaurer* et un paquet d'autres verbes. En un clin d'œil, toute la palette de ces verbes se réduisit au si chic et si prétentieux *initier*.

Qui dénoncera un jour l'appauvrissement que fait subir à la langue française le monde dit *corporate*, celui des sociétés du CAC 40 et de leurs «consultants», si chèrement payé pour décérébrer les générations montantes ?

Rappelons qu'*initier* signifie aussi, encore à ce jour, enseigner à autrui les rudiments d'une technique, d'un art ou d'un savoir. Un artisan, par exemple, initie son apprenti aux techniques de la taille des pierres.

Low cost

«Où est la côte basse ?» me demande un ami américain. Je crois d'abord qu'il parle de la côte basque. Non, il n'en démord pas : les Français voyagent vers une côte basse. Je finis par comprendre : il vient de voir à la télévision un reportage sur les compagnies aériennes *low cost*. Cette expression signifie *bas coût*. On pourrait tout simplement la traduire : on dirait alors une agence de voyage à bas coût, ou une épicerie à bas coût. Au lieu de cela, on la popularise en anglais, mais en lui ajoutant un défaut de prononciation qui la rend absurde. Là où il faudrait prononcer *coste*, avec un *o* ouvert, on s'ingénie à énoncer un *causte* qui change tout et signifie « côte » ! Les Anglo-Saxons nous trouvent étranges : nous refusons de parler notre propre langue, et nous la remplaçons par une déformation de celle des autres !

Nominé

Nous sommes à la cérémonie des César de 1980. La sublime Romy Schneider est conviée à décerner le César du meilleur film de l'année. Elle se prépare à lire la liste des films sélectionnés. Un trouble s'empare d'elle. Comment traduit-on, en français, le mot *nominee*, qu'on utilise en anglais en de semblables circonstances ? La comédienne autrichienne hésite, ne trouve pas de réponse à cette énigme… Alors, plutôt que de prolonger un silence de mauvais aloi, elle lance un *nominé* brut, et inconnu au dictionnaire de l'Académie française.

C'est ainsi que dans son livre *Le Français sans fautes*, en 1990, l'ami Capelovici retrace la naissance du mot *nominé* qui a déclenché, depuis, tant de polémiques.

Je suis récemment tombé sur une note du CSA, le Conseil supérieur de l'audiovisuel, qui fait remonter plus loin l'invention de *nominé*. « Le mot *nominé*, peut-on y lire, apparaît à l'écrit dès 1976, au sens de "être désigné comme candidat à un prix cinématographique".

Le CSA ne se trompe pas. Dans son beau livre *La nostalgie n'est plus ce qu'elle était*, publié en 1976, Simone Signoret écrit : « Dans les semaines qui suivirent la nomination, les gens très gentils qui, jusque-là, avaient pris l'habitude de me dire : "Tu verras, tu seras nominée", me dirent désormais : "Je te l'avais bien dit, que tu serais nominée." Je sais bien qu'il faudrait employer un autre mot, que ce barbarisme : ce serait *candidate désignée*. »

Par un communiqué du 7 février 1985, l'Académie française désapprouve l'utilisation de ce « greffon mal venu de la flore hollywoodienne ». Elle dénonce ce « barbarisme dont notre langue n'a nul besoin » et demande qu'il soit remplacé par *proposé* ou *désigné*.

À en croire vos courriers, ce sujet vous passionne, et vous comprendrez donc que je m'y attarde encore un peu. En effet, je ne suis pas convaincu que cette bataille soit vitale pour la langue française. Me chagrinent davantage les impropriétés qui trahissent une véritable incompréhension de notre langue, ce trésor linguistique. Après tout, le verbe anglais *to nominate,* et donc le controversé *nominer* dérivent du latin *nominare.* Le mode de construction de ce mot n'est pas absurde. Certains d'entre vous plaident pour davantage de tolérance et se disent prêts à accueillir *nominer* dans leurs usages lexicaux.

J'ai trouvé sur Internet la diatribe suivante. Elle me semble refléter une opinion qu'il ne faut ni négliger ni mépriser… C'est un Rouennais qui nous livre sa colère : « *Nominé* est passé dans l'usage. Mais chez les défenseurs de la langue, qui s'accrochent à des détails et n'ont aucune vision d'ensemble, il est traditionnellement mal vu. Franchement, quelle importance ? Il faut avoir du temps à perdre pour en discuter. Mais du point de vue idéologique, c'est essentiel. Cela permet aux sectaires de reconnaître les bons (qui disent *sélectionné, nommé*) et les mauvais (qui disent *nominé*). Les dogmatiques ont besoin de savoir qui est avec eux. Il s'agit évidemment d'une question idéologique, obsessionnelle chez les puristes. Tout est figé chez eux. Ils sont sédimentés dans la répétition. Pour eux, le temps ne change rien, les faits ne changent rien, le temps n'existe pas. On est dans le domaine des croyances… »

Où l'idéologie va-t-elle donc se nicher ? Dans le vocabulaire, si l'on en croit notre tribun rouennais. Je n'aurais pas imaginé que le débat sur l'usage du mot *nominé* puisse m'entraîner si loin. Amis révolutionnaires, à vos barricades !

Partition

Le système d'exploitation de mon ordinateur me suggéra, dès que nous fîmes connaissance, d'opérer une *partition* de mon disque dur. Il employa même le mot *partitionner*. Les journalistes, semblablement, évoquent la *partition* du Soudan, qui sépara le nord du pays, principalement musulman, du sud, principalement chrétien et animiste.

Il s'agit, une fois de plus, d'une copie servile de l'anglais. Les mêmes notions, en français, gagnent à être exprimées par les mots *division*, *partage* ou *découpage*.

Performer

Laissons à l'anglais, de même, le verbe *to perform* : réaliser une performance. *Performer* n'existe pas en français. Réservons le même sort, sans pitié, à cette absurdité lexicale : *super-performer*, mot entendu à la radio, lors de l'annonce des cours de la Bourse, pour évoquer une entreprise qui avait dépassé ses objectifs.

Poster

En français, *poster* consiste à déposer un objet dans la boîte à lettres du bureau de poste, à le confier aux bons soins de l'administration postale, qui se chargera de l'acheminer.

Depuis quelques années, un autre verbe *poster*, directement inspiré de l'anglais *to post*, qui signifie *afficher* (d'où le mot *poster, affiche*), s'est introduit sur nos écrans d'ordinateurs. On *poste* un message sur Facebook, on *poste* un nouveau *topic* (sujet) sur un forum, on *poste* une opinion sur Twitter. *Poster* remplace peu à peu *publier, porter à la connaissance des autres, annoncer...* qui le valent bien. Et comme le jargon de l'informatique et le manque d'imagination s'infiltrent partout, on dit même, à présent, *poster* un article dans un journal !

Process

Process. Ah ! le *process...* Axel de Tarlé m'indique à la radio que tel chef d'entreprise n'est plus maître du *process...* Il me semble que, selon les cas, le classique *processus* ou le *déroulement des opérations* conviendraient aussi bien !

Site

En anglais, le mot *site* désigne, comme en français, un paysage remarquable. On parle d'un *site* touristique. On peut dire que la place de la Comédie, à Bordeaux, est un *site* magnifique, ou que le canyon du Colorado est l'un des plus beaux *sites* d'Amérique.

En anglais, d'après mon dictionnaire Robert & Collins, *site* désigne aussi un emplacement, un chantier (de construction ou de démolition) ou un terrain de camping.

Par un curieux abus de langage, contre lequel il devient difficile de lutter, on qualifie désormais de *site* une usine, un bâtiment, une agence locale d'une entreprise nationale, ou le lieu où est implantée une administration. C'est ainsi qu'on parle abusivement du *site* de Renault à Flins ou à Aulnay-sous-Bois, du *site* de la SPA à Gennevilliers, ou du *site* de la préfecture de police de la rue Marcadet.

*

Concluons ce chapitre, en dépit de son sous-titre, par une concession : tous les anglicismes ne sont pas bons à jeter à la poubelle.

Challenge

Les puristes se plaignent, par exemple, de *challenge*. Il est vrai que, neuf fois sur dix, *défi* conviendrait mieux.

Pourtant, je tiens d'un professeur d'histoire que l'acte d'accuser publiquement quelqu'un au Moyen Âge portait le nom de *challonge*. Par un *challonge*, on défiait son adversaire. On le sommait de s'expliquer. On le plaçait face à ses responsabilités.

Challenge fait ainsi partie de ces mots qui ont fait un détour par l'anglais avant de nous revenir sous une forme à peine déformée. Leur histoire justifie en tout cas qu'on les prononce à la française, et qu'on dise donc *chalange* et non *tchallennge*.

Opportunité

Opportunité fait également renâcler les puristes. On devrait employer, préconisent-ils, *occasion*. Cependant, *opportunité* complète le sens d'*occasion* d'une nuance positive : une opportunité est une occasion positive. Pourquoi ne pas se contenter d'*aubaine*, me direz-vous ? Tout simplement parce qu'*aubaine* introduit une autre nuance : une aubaine est une occasion positive *inespérée*.

Si vous découpez dans les petites annonces une offre d'emploi conforme à vos espoirs et à vos capacités, c'est une *occasion* : une chance à saisir.

Si l'on vous propose un poste conforme à vos compétences tout en vous annonçant que peu de candidats ont postulé, c'est une *opportunité*.

Si l'on offre une sinécure royalement payée à un fainéant que rien ne qualifie, c'est une *aubaine*.

On voit bien qu'aucun mot français ne recouvre toutes les nuances de *opportunity*, «opportunité». Je vote donc pour qu'on l'adopte.

EN CHARGE DE LA SURCHARGE
OU
TRADUCTION SIMULTANÉE

Le français que pratiquent nos élites supposées donne parfois l'impression de n'être plus qu'une traduction simultanée et approximative de l'anglais. Un secrétaire d'État est désormais *en charge*, par exemple, des anciens combattants, du commerce extérieur ou des andouillettes de Vire. Comme je m'intéresse à ce qui se passe sur d'autres chaînes de télévision que celle où j'apparais, je lis, sur *lexpress.fr*, que tel responsable de TF1, « *en charge* de la politique de fiction au sein de cette chaîne, devrait la quitter prochainement. Il semble que la mayonnaise n'est pas prise ».

Cette dernière phrase me fait sursauter deux fois.

Je m'interroge d'abord sur *n'est pas prise* au lieu de *n'ait pas pris*. Je présume qu'il s'agit d'une coquille. Puis je me demande si je n'ai pas tort. Après tout, le journaliste parle peut-être au présent. Il constate que la mayonnaise n'est pas consistante. Mais dans ce cas, il aurait dû utiliser, peut-être, *ne soit pas prise*... Décidément, il s'agit bien d'une coquille.

Cependant, c'est surtout le début de sa phrase qui me chagrine. Alors, je relis... Autrefois, on disait de tel sous-directeur d'une entreprise qu'il était *chargé* du dialogue social, de la communication ou de l'inventaire des trombones. Aujourd'hui, il est *en charge de*. De nouveau, l'anglais *in charge of* a été importé sans être stoppé à la barrière douanière des bons usages linguistiques.

En charge peut se dire d'une batterie, d'un appareil électronique que vous *rechargez*, mais pas d'un ministre. J'ai branché sur le secteur la batterie de téléphone portable. Elle est donc *en charge*. Mais sur quelle source d'électricité a-t-on branché notre personnel politique ou nos entrepreneurs ?

Chargeant la barque du mot *charge*, certains introduisent aujourd'hui une nouvelle incorrection. Dans la phrase *le courtier a touché une prime, à charge pour lui d'augmenter son chiffre d'affaires*, ils remplacent *à charge pour lui* par *charge pour lui*, qui est incorrect.

L'État se désengage du financement des collèges, charge pour les collectivités locales de se substituer à lui.

Il me semble qu'il faudrait parfois manier la tronçonneuse avec plus de légèreté, mais la formule *charge pour* tend à se généraliser…

LE FAKE QUI BUZZE
OU
EN ANGLAIS DANS LE TEXTE

Je suis sous-staffée, se plaint cette amie, directrice des programmes d'une petite chaîne de télévision. *Il faut à tout prix booster les recrutements !* Traduisez par : *Je manque de personnel, il faut recruter davantage d'employés.*

Le vocabulaire anglais claque et percute. Il est souvent composé de mots brefs. Certains invoquent cette brièveté pour justifier l'utilisation directe de mots anglais, sans traduction. Pourtant, si l'on compte les caractères qui composent la phrase de mon interlocutrice, et ceux qui forment la phrase traduite, on arrive à 67 signes, espaces compris, dans la première et à seulement 62 signes dans la deuxième.

Aucun gain, en rapidité ou en expressivité, ne justifie ici l'adoption d'un lexique perçu, en réalité, comme plus moderne. On voit bien que ces emprunts directs à l'anglais se produisent le plus souvent dans des domaines tels que la publicité, l'informatique, les nouvelles technologies ou la communication. Des secteurs d'activité où il faut à tout prix se détacher du commun des mortels, apparaître comme plus « connecté » que son voisin, montrer l'avance que l'on a prise sur son temps. Pour cela, rien ne vaut des mots qui évitent de bla-blater. Des mots aérodynamiques comme des calandres. Des mots qui catapultent les concepts en une ou deux syllabes.

Biopic

Le mot *biopic*, sorti des limbes récemment, prospère dans les chroniques cinématographiques. Il s'agit de la contraction, venue de Hollywood, de deux mots anglais : *biographic* et *picture*. Un *biopic*, c'est donc une biographie filmée. Il ne se passe plus un jour sans qu'on apprenne que tel cinéaste célèbre prépare un *biopic* sur Hemingway, Marguerite Duras ou Edmée Dugenoux.

Buzz, buzzer

Le *buzz*, c'est la rumeur de la toile. L'arrêté de terminologie paru au *Journal officiel* du 22 septembre 2000 préconise de remplacer ce mot par *bourdonnement.* Je préfère *ramdam* qui fit une percée, hélas sans lendemain, en 2010. L'emploi de *ramdam* prouverait que la langue française, comme dans le passé, est toujours capable d'assimiler des mots venus d'ailleurs que du bloc anglo-saxon. Le mot d'origine arabe *ramdam*, altération de *ramadan*, évoque le boucan joyeux qu'on fait à la rupture du jeûne, aussi bien que celui qui, parfois, se propage sur la toile.

Nombreux sont les mots de la même origine que *ramdam* qui ont migré vers le français. Beaucoup d'entre eux appartiennent au vocabulaire de la science, et nous rappellent que les Arabes furent, au Moyen Âge, de grands médecins, astronomes, mathématiciens. Citons *algèbre, sinus, calibre, chiffre, zéro, tare, carat, zénith, algorithme, almanach, alambic.*

Et saviez-vous que tous les mots qui suivent proviennent eux aussi de l'arabe ?

Albatros, alcool, alcôve, amiral, ambre, artichaut, assassin, benzène, bougie, calife, carafe, civette, coton, couffin, couscous, divan, émir, fardeau, fennec, gazelle, genette, gerboise, girafe, goudron, hasard, jaquette, jupe, magasin, matelas, matraque, nacre, récif, sirop, sofa, sorbet, talc, toubib.

Vous l'avez compris, je serais ravi que *ramdam* s'ajoute à cette liste pour remplacer *buzz*...

Chat (prononcer *tchatt*)

Le *chat* (du verbe *to chat*, « bavarder », en anglais) permet de dialoguer sur Internet avec un ou plusieurs interlocuteurs. Nos amis québécois préfèrent employer le néologisme *clavardage*. En France, des commissions officielles ont proposé *causette*, *dialogue* ou *e-blabla*. Pour ma part, je pense que *chat* évoque la *tchatche*, ainsi définie par Larousse : « Nom féminin (de l'espagnol *chacharear*, bavarder). Familier. Bagout volubile. »

Suis-je influencé par cette proximité entre *chat* et *tchatche* ? En tout cas, je ne verrais aucun inconvénient à ce que l'on remplace le premier par le second !

Dispatcher

Dispatcher n'apporte rien de mieux que *répartir*, sinon deux syllabes finales qui postillonnent au nez de votre interlocuteur. Une bonne manière de lui assener qu'il est ringard, lui le *répartiteur*, et de vous proclamer avant-gardiste, vous le *dispatcher*.

Email

Pour désigner le courrier électronique, les Québécois disent *courriel*, contraction des mots *courrier* et *électronique*. De même, pour désigner le *spam*, c'est-à-dire les *prospectus* qui encombrent votre boîte à lettres électronique, ils disent *pourriel*, contraction de *pourri* et *courriel*. Cette capacité à créer des néologismes intelligents force le respect. Je remarque d'ailleurs que de plus en plus de Français adoptent *courriel*.

Cependant, les mots comme les hommes voyagent parfois dans les deux sens...

Quand les ordinateurs n'existaient pas, il fallait bien s'en remettre à la poste pour acheminer les dépêches. Le surintendant général de cette administration régnait alors sur une flotte de diligences qu'on appelait les *malles-poste*. En Amérique, *malle-poste* devint, à peine déformé, *mail-post*. Un puriste de l'époque dénonça-t-il cet emprunt scandaleux au français ? L'histoire ne le dit pas. Toujours est-il que *mail* et *email* nous reviennent en boomerang, après un long séjour outre-Atlantique.

Fake

Fake est un mot absorbé par le français par le biais d'Internet. Un *fake*, c'est un faux. Une vidéo qui *buzze* (voir ce mot) sur Internet nous montre un bus en folie évitant par miracle un passant qui traverse la rue. Le lendemain, on découvre qu'il s'agissait d'un *fake*, d'un montage, et que ce miracle ne s'est jamais produit.

Fail

Si, en voulant fabriquer un *fake*, le monteur de la vidéo évoquée ci-dessus ne parvient qu'à un résultat grossier, qui souligne le trucage au lieu de le faire oublier, le *buzz* se retournera contre lui. On lira alors sur Internet qu'il a produit un *fail*, c'est-à-dire un échec, une défaillance qui le discréditera parmi les *geeks* (voir ce mot).

Fake est l'exemple même d'un mot emprunté à une autre langue alors qu'il n'apporte aucune valeur ajoutée à notre *faux* ou, selon le contexte, à notre sympathique *bobard*.

Geek (prononcer *guik*)

Vous avez sans doute une famille et un ordinateur à la maison. Si c'est le cas, regardez bien l'ordinateur. Il est relié à différents objets qu'on appelle les périphériques. À une imprimante, par exemple. Ou à un clavier. Si l'ordinateur est aussi relié à un adolescent ou à un post-adolescent myope qui passe sur sa machine l'essentiel de son temps, si cet adolescent est un crack, un champion de l'informatique et du web, s'il se soucie peu de son apparence, s'il mange des pizzas, des hamburgers, des chips et des fraises Tagada sans jamais quitter sa chambre, alors vous avez devant vous un *geek*.

Le *geek* est un étranger. Il parle un langage incompréhensible. Même son humour échappe à ses proches.

En voici quelques exemples.

Humour *geek* (blague n° 1)

Il y a 10 types de personnes, ceux qui connaissent le langage binaire et ceux qui ne le connaissent pas.

Décryptage de l'humour *geek* (blague n° 1) : en langage binaire, utilisé dans l'informatique, tout se ramène à des 1 et à des 0. Deux options qui correspondent aux deux états possibles d'un circuit électronique : ouvert ou fermé. Par exemple, en langage binaire, 1, 2, 3, 4, 5, 6, 7, 8, 9, 10 se traduit par : 000, 001, 010, 011, 100, 101, 110, 111, 1000, 1001, 1010.

Dans l'exemple d'humour *geek* n° 1, *Il y a 10 types de personnes* veut dire, en langage binaire, *Il y a 2 types de personnes.*

Humour *geek* (blague n° 2).

La vie est mal faite… On ne peut pas la redémarrer en mode sans échec.

Décryptage de l'humour *geek* (blague n° 2) : le mode dit « sans échec » permet à un *geek* de faire redémarrer n'importe quel ordinateur en panne et rétif au néophyte.

Le Petit Larousse, moins regardant que la plupart des autres dictionnaires, a fait entrer dans son édition 2010 le mot *geek*. Il en donne la définition suivante : « Personne passionnée par les technologies de l'information et de la communication, en particulier par Internet. »

Nerd

Le terme familier *nerd* est apparu à la fin des années 1950 aux États-Unis. Comme le *geek*, le *nerd* est un passionné d'informatique. Wikipedia précise cependant que le dernier terme, « est devenu péjoratif. En effet, comparé à un *geek*, un *nerd* est plus asocial, et plus polarisé sur ses centres d'intérêts, auxquels il consacre plus de temps ».

Notons qu'un *nerd* se qualifierait de : *n3rd*.

Pitch

J'avoue avoir utilisé, comme le font les gens de télévision, le mot *pitch* et ses dérivés, notamment le verbe *pitcher*…

En anglais, *pitch* désigne l'envoi de la balle au début de chaque jeu, au baseball. Le mot fut ensuite abondamment employé par les professionnels de la télévision pour désigner l'argumentaire de vente d'un programme. Thierry Ardisson le popularisa et en fit le synonyme de résumé, d'argumentaire ou de bref descriptif. Autrefois, on demandait à un auteur ou à un metteur en scène de parler de ses thèmes, de ses personnages, de son inspiration. Aujourd'hui, on lui dit plus simplement : *Fais-moi le pitch !*

Web

En anglais, *web* (*World Wide Web*) signifie « réseau », « toile ». Le web enserre la planète comme une résille, comme une toile d'araignée. C'est pourquoi on peut avantageusement traduire ce mot par *toile*.

*

La liste est longue, de ces mots volés ou empruntés qu'on ne se donne même pas la peine de franciser. Il faudrait citer *bug* (les commissions officielles recommandent de le remplacer par *bogue,* de même que *encre en poudre* pourrait se substituer à *toner*), *phishing* (escroquerie par Internet qu'on pourrait facilement appeler *hameçonnage*), *e-book* (*livre électronique*), *turnover* (*rotation*), *timing* (*calendrier*), *game* (*jeu*), etc.

La francisation la plus élémentaire consisterait, au moins, à construire les déclinaisons de ces mots « à la française ». Par exemple, *buzz* donnerait le verbe *buzzer*. L'emprunt n'en serait pas moins servile, mais il le serait avec cohérence. Au lieu de quoi, on voit fleurir les *je buzz, tu buzz, il buzz* au lieu de *je buzze, tu buzzes, il buzze*, etc.

Pis encore, des mots français qui contribuent à notre rayonnement dans le monde sont soudain remplacés par leur équivalent anglais, sans que rien ne l'explique. C'est ainsi qu'on parle désormais, dans certains milieux, de *la fashion* au lieu de *la mode*. Et la semaine des défilés est devenue dans les médias la *fashion week*. Est-ce vraiment une façon d'honorer nos génies de la haute couture, de Paul Poiret et Madeleine Vionnet à Christian Lacroix, en passant par Jacques Fath, Christian Dior, Coco Chanel, Yves Saint Laurent et tant d'autres ?

3

LES MAUX DES MOTS

Les mots sont vivants. Ils naissent, grandissent, vieillissent, meurent. Ils souffrent aussi d'un tel nombre de maladies qu'il faudrait plusieurs dictionnaires médicaux pour les décrire.

Quand nous employons le masculin à la place du féminin, quand nous commettons des pléonasmes, quand nous utilisons des mots à la mode ou des clichés, nous blessons les mots.

Le chapitre qui suit est un manuel de premiers secours...

UN ÉPITHÈTE, BIEN SÛR
OU
LE MÉLANGE DES GENRES

L'un de mes censeurs les plus sévères, André G., qui demeure à Saint-Laurent-la-Roche, dans le département du Jura, m'invective :

« Vous êtes encore plus inculte que je ne vous l'ai écrit précédemment ! Comment pouvez-vous ignorer que le substantif *épithète* est du genre féminin ? Vous avez récemment déclaré : *"Un* épithète, bien sûr." Tous les enseignants en lettres ont toujours insisté sur le genre (féminin !) de ce mot, rappelant le procédé mnémotechnique que tout le monde connaît (sauf vous !) : *épithète* rappelle *étiquette* (même genre grammatical féminin), l'épithète fonctionnant précisément comme une étiquette collée sur le nom. »

PHP, d'Oloron-Sainte-Marie, se plaint, lui, du genre que j'ai attribué au grèbe : « Le nom de cet oiseau aquatique qui construit des nids flottants est masculin. Vous a-t-on fourni une fiche sans article pour que vous disiez *la grèbe* ? »

Un peu d'indulgence, s'il vous plaît. D'accord, PHP, c'est *le grèbe* qu'il faut dire… Et je l'admets, il m'est arrivé plus d'une fois d'hésiter avant d'apposer un article à des mots tels qu'*alvéole* (masculin), *échappatoire* (féminin) ou *écritoire* (féminin). Mais rappelons-nous que pour les étrangers qui s'initient à la langue française, la manière arbitraire dont sont attribués les genres des mots relève de la perversité ou de la pathologie. Pourquoi *une* chaise, mais *un* fauteuil ? Mon ami Roland Magdane, toujours formidable sur scène, écrivit sur ce sujet un sketch hilarant dont je ne résiste pas à citer quelques extraits…

« Pourquoi dès que c'est *une* galère, c'est tout de suite au féminin ? *La* pluie, *la* neige, *la* grêle, *la* tempête, tout ça, c'est pour vous les filles. Ah ben oui ! Nous, c'est *le* soleil et *le* beau temps, voyez ? Vous n'avez pas de pot : *la* cuisine, *la* bouffe, *la* poussière, *la* pattemouille. Nous, c'est *le* café dans *le* fauteuil avec *le* journal, et ça pourrait être *le* bonheur si vous ne veniez pas nous foutre *la* merde.

« Dès que c'est sérieux, comme par hasard, c'est tout de suite au masculin. On dit *une* rivière, mais *un* fleuve, on dit *une* voiture, mais *un* avion, avec *un* réacteur et pas *une* hélice de merde! En revanche, quand il y a *un* problème dans *un* avion, c'est tout de suite *une* catastrophe! Et là, c'est toujours à cause d'*une* erreur de pilotage, d'*une* mauvaise visibilité, bref à cause d'*une* connerie. Mais, attention, dès que la connerie est faite par un mec, tout de suite, ça s'appelle plus *une* connerie, ça s'appelle *un* impondérable!»

Magdane a raison. D'un homme d'autorité, capable de taper sur la table, de s'enfiler cul sec sa cinquième vodka ou d'affronter les tempêtes de la vie, on dit volontiers qu'il en a... Mais pourquoi parle-t-on si souvent, quand il s'agit d'aller plus loin, de testicules au féminin? Les mots sont-ils androgynes? *Testicule* subit-il la malédiction des mots en «ule»? On dit volontiers *une* testicule, *une* tentacule, ou *une* ovule quand c'est, dans les trois cas, le masculin qu'il faudrait employer. Assimile-t-on abusivement *testicule* à ses synonymes les plus triviaux? Balloches, boules, couilles, valseuses, roubignolles, roupettes, coucougnettes s'emploient au féminin. Ce n'est pas une raison suffisante pour laisser le genre féminin annexer nos attributs autrement que dans l'intimité...

*

Voici mon palmarès des mots les plus *piégeux*, comme le disent si joliment les Québécois, ceux que je fais parfois précéder d'une milliseconde de silence, signe de mon hésitation inavouée.

Amour, délice et orgue

Dans quel ordre viennent les *amours* (féminin), les *délices* (féminin) et les *orgues* (féminin donc, de préférence, *grandes orgues*) ? Il est logique que tout finisse par les orgues nuptiales, mais les amours viennent-elles avant les délices, ou l'inverse ? C'est une question de traditions, chacun choisira la sienne.

En tout cas, *amour*, *délice* et *orgue* peuvent s'employer au masculin quand ils sont au singulier, et au féminin quand ils sont au pluriel.

Anagramme

Féminin : *une* anagramme, bien que tous les mots qui se terminent par *gramme* soient masculins. Comme *anagramme*, *épigramme* fait exception à la règle. Cependant, si *épigramme* désigne une pièce théâtrale satirique, le mot est féminin. S'il désigne un morceau d'agneau, il peut s'employer au masculin, bien que le *Trésor de la langue française* le donne au féminin.

Après-midi

Après-midi fait partie de ces mots qui s'admettent aussi bien au masculin qu'au féminin.

Balustre

Balustre est masculin, même si nous tendons à lui attribuer le même genre qu'à la *balustrade*, dont il est l'un des composants, la balustrade étant une rangée de balustres supportant une tablette d'appui.

Espèce

Espèce est un mot féminin. Il désigne, dans la hiérarchie des formes de vie, un ensemble d'individus qui peuvent se reproduire entre eux et engendrer une descendance à la fois viable et féconde. Les guépards, les gazelles de Grant, les éléphants d'Asie forment des espèces.

Pour généraliser un propos, on utilise parfois *espèce* à la place de *genre*, et l'on proclame qu'un zèbre est *un espèce* de cheval avec des raies, qu'un bœuf bourguignon est *un espèce* de bœuf bouilli ou que le conducteur malhabile qui met des heures à libérer sa place de stationnement est *un espèce* de crétin. Chacun devrait savoir qu'*espèce* reste, quoi qu'il arrive, féminin. Ce n'est pas parce que le mot qui suit est masculin qu'*espèce* change de genre. La règle semble simple, mais il ne se passe pas un jour sans qu'on entende de beaux esprits commettre cette énorme faute.

J'ai trouvé sur Internet cette lettre pleine de mesure et de modération, qu'un correspondant anonyme adressa naguère à un ministre de la République :

> « C'est motivé par une exaspération que je ne pense pas être le seul à ressentir que je vous écris pour vous demander de prendre les mesures nécessaires. Je vous propose de rétablir, mais uniquement à l'encontre des massacreurs de la langue, quelques supplices qui avaient cours au Moyen Âge. L'estrapade, la roue, le pilori, etc.
>
> L'opinion n'est pas encore prête. Mais si nous voulons que disparaisse de notre environnement culturel cette horrible mésalliance que constituent ces deux mots accolés, *un* et *espèce*, il faut se mettre au travail au plus tôt.
>
> Lorsqu'on aura pendu le dernier assassin de la langue de Molière avec les tripes du dernier barbare de la syntaxe, les rangs de l'Assemblée nationale seront très clairsemés. Ainsi que les plateaux de télévision, les rédactions de journaux et même le banc du conseil des ministres.
>
> Ce qui rend impardonnable la masculinisation du mot *espèce*, c'est qu'il existe une méthode très simple

pour permettre aux béotiens d'éviter ce barbarisme. Il suffit en cas de doute de remplacer *espèce* par *sorte*, substantif féminin qui en est le plus proche et auquel personne, même le plus crétin des analphabètes, n'aurait l'idée d'accoler un article masculin. Or on n'entend jamais, dans une conversation, même entre un chanteur de rap et un présentateur de TF1, *un sorte de*. »

Haltère

Haltère fait partie des grands classiques de la confusion des genres, mais l'instrument de cette torture que les hommes s'infligent et qu'on appelle « musculation », symbole de la force virile, s'emploie, comme il convient, au masculin.

Mappemonde, planisphère, hémisphère

Mappemonde s'emploie au féminin, mais *planisphère* au masculin.

Hémisphère, tout comme *planisphère*, est masculin.

Hémisphère et *planisphère* tentent de nous piéger, comme le scorpion, par une finale en forme de *sphère* (féminin).

Notons ici qu'il ne faut pas confondre une mappemonde et un globe terrestre. La première est une carte, plane, alors que le globe terrestre reconstitue la forme sphérique de notre planète.

Solde

Solde, qu'il soit au singulier (*pour solde de tout compte*) ou au pluriel (*les soldes de printemps*), est masculin. Et ça ne coûte pas plus cher.

Termite

Est-ce par analogie avec les autres insectes sociaux de genre féminin (la fourmi, l'abeille, la guêpe) que l'on voit si souvent *termite* employé, à tort, au féminin ?

À VOUS DE JOUER !

Cochez le genre que vous attribuez à chacun de ces mots. Pour vous éviter d'aller chercher les solutions en fin d'ouvrage ou de retourner le livre pour les lire, nous avons placé celles-ci, « à l'endroit », en fin de chapitre. Mais ne trichez pas !

Abbaye
- ☐ Féminin
- ☐ Masculin

Abîme
- ☐ Féminin
- ☐ Masculin

Abysse
- ☐ Féminin
- ☐ Masculin

Acné
- ☐ Féminin
- ☐ Masculin

Acoustique
☐ Féminin
☐ Masculin

Acropole
☐ Féminin
☐ Masculin

Affres
☐ Féminin
☐ Masculin

Albâtre
☐ Féminin
☐ Masculin

Algèbre
☐ Féminin
☐ Masculin

Alvéole
☐ Féminin
☐ Masculin

Ambre
☐ Féminin
☐ Masculin

Améthyste
☐ Féminin
☐ Masculin

Amiante
☐ Féminin
☐ Masculin

Amibe
☐ Féminin
☐ Masculin

Amnistie
☐ Féminin
☐ Masculin

Ampère
☐ Féminin
☐ Masculin

Anathème
☐ Féminin
☐ Masculin

Anicroche
☐ Féminin
☐ Masculin

Antidote
☐ Féminin
☐ Masculin

Antre
☐ Féminin
☐ Masculin

Apanage
☐ Féminin
☐ Masculin

Aparté
☐ Féminin
☐ Masculin

Aphte
☐ Féminin
☐ Masculin

Apogée
☐ Féminin
☐ Masculin

Apostrophe
☐ Féminin
☐ Masculin

Appendice
☐ Féminin
☐ Masculin

Arabesque
☐ Féminin
☐ Masculin

Arcane
☐ Féminin
☐ Masculin

Argile
☐ Féminin
☐ Masculin

Armistice
☐ Féminin
☐ Masculin

Aromate
☐ Féminin
☐ Masculin

Arpège
☐ Féminin
☐ Masculin

Arrhes
☐ Féminin
☐ Masculin

Astérisque
☐ Féminin
☐ Masculin

Augure
☐ Féminin
☐ Masculin

Autoroute
☐ Féminin
☐ Masculin

Camée
- ☐ Féminin
- ☐ Masculin

Câpre
- ☐ Féminin
- ☐ Masculin

Chrysanthème
- ☐ Féminin
- ☐ Masculin

Cuticule
- ☐ Féminin
- ☐ Masculin

Décombres
- ☐ Féminin
- ☐ Masculin

Ébène
- ☐ Féminin
- ☐ Masculin

Effluve
- ☐ Féminin
- ☐ Masculin

Emblème
- ☐ Féminin
- ☐ Masculin

Encaustique
- ☐ Féminin
- ☐ Masculin

Enclume
- ☐ Féminin
- ☐ Masculin

En-tête
- ☐ Féminin
- ☐ Masculin

Entracte
- ☐ Féminin
- ☐ Masculin

Éphéméride
- ☐ Féminin
- ☐ Masculin

Épitaphe
- ☐ Féminin
- ☐ Masculin

Équinoxe
- ☐ Féminin
- ☐ Masculin

Esclandre
- ☐ Féminin
- ☐ Masculin

Évangile
☐ Féminin
☐ Masculin

Gélule
☐ Féminin
☐ Masculin

Granule
☐ Féminin
☐ Masculin

Holocauste
☐ Féminin
☐ Masculin

Icône
☐ Féminin
☐ Masculin

Idylle
☐ Féminin
☐ Masculin

Immondice
☐ Féminin
☐ Masculin

Interstice
☐ Féminin
☐ Masculin

Interview
☐ Féminin
☐ Masculin

Jute
☐ Féminin
☐ Masculin

Mandibule
☐ Féminin
☐ Masculin

Météorite
☐ Féminin
☐ Masculin

Nacre
☐ Féminin
☐ Masculin

Oasis
☐ Féminin
☐ Masculin

Obélisque
☐ Féminin
☐ Masculin

Obsèques
☐ Féminin
☐ Masculin

Ocre
- ☐ Féminin
- ☐ Masculin

Octave
- ☐ Féminin
- ☐ Masculin

Opercule
- ☐ Féminin
- ☐ Masculin

Opprobre
- ☐ Féminin
- ☐ Masculin

Opuscule
- ☐ Féminin
- ☐ Masculin

Orbite
- ☐ Féminin
- ☐ Masculin

Oriflamme
- ☐ Féminin
- ☐ Masculin

Ovule
- ☐ Féminin
- ☐ Masculin

Ozone
- ☐ Féminin
- ☐ Masculin

Pénates
- ☐ Féminin
- ☐ Masculin

Primeur
- ☐ Féminin
- ☐ Masculin

Pustule
- ☐ Féminin
- ☐ Masculin

Réglisse
- ☐ Féminin
- ☐ Masculin

Scolopendre
- ☐ Féminin
- ☐ Masculin

Spore
- ☐ Féminin
- ☐ Masculin

Stalactite
- ☐ Féminin
- ☐ Masculin

Stalagmite
☐ Féminin
☐ Masculin

Ténèbres
☐ Féminin
☐ Masculin

Tentacule
☐ Féminin
☐ Masculin

Ulcère
☐ Féminin
☐ Masculin

Urticaire
☐ Féminin
☐ Masculin

SOLUTIONS DU JEU

Abbaye
Féminin.

Abîme
Masculin.

Abysse
Masculin.

Acné
Féminin.

Acoustique
Féminin.

Acropole
Féminin.

Affres
Féminin.

Albâtre
Masculin.

Algèbre
Féminin.

Alvéole
Masculin.

Ambre
Masculin.

Améthyste
Féminin.

Amiante
Masculin.

Amibe
Féminin.

Amnistie
Féminin.

Ampère
Masculin.

Anathème
Masculin.

Anicroche
Féminin.

Antidote
Masculin.

Antre
Masculin.

Apanage
Masculin.

Aparté
Masculin.

Aphte
Masculin.

Apogée
Masculin.

Apostrophe
Féminin.

Appendice
Appendice est masculin, mais *appendicite* est féminin.

Arabesque
Féminin.

Arcane
Masculin.

Argile
Féminin.

Armistice
Masculin.

Aromate
Masculin.

Arpège
Masculin.

Arrhes
Féminin.

Astérisque
Masculin.

Augure
Masculin. Chez les Romains, *augure* désignait un présage. Le plus souvent, les prêtres observaient le vol des oiseaux et, selon la direction qu'il suivait ou les orbes (masculin) qu'il formait, ils en tiraient des conclusions relatives à l'avenir. Message envoyé par les dieux aux hommes, *un* augure devait être interprété par des intermédiaires.

Que des nuages apparaissent à l'horizon n'est pas de *bonne* augure, mais de *bon* augure.

Autoroute
Féminin.

Camée
Masculin.

Câpre
Féminin.

Chrysanthème
Masculin.

Cuticule
Féminin. La *cuticule* est une membrane organique très fine, comme celle qui se forme à la base de l'ongle.

Décombres
Masculin.

Ébène
Féminin. Pourtant, ce mot m'évoque une idée de puissance. J'imagine un tronc (masculin) qui s'élève vers les cieux, un bois (masculin) si dur qu'on peine à l'entamer. Ce machisme inconscient m'a longtemps conduit à employer *ébène* au

masculin, et à tomber des nues (ou du sommet de l'arbre) quand j'ai appris qu'il était, en réalité, du genre féminin !

Effluve
Masculin au singulier, *effluves* s'accepte généralement au féminin quand il est pluriel.

Emblème
Masculin.

Encaustique
Féminin.

Enclume
Féminin.

En-tête
Masculin.

Entracte
Masculin.

Éphéméride
Féminin (du moins depuis le XVIIIe siècle).

Épitaphe
Féminin.

Équinoxe
Masculin.

Esclandre
Masculin.

Évangile
Masculin.

Gélule
Féminin.

Granule
Masculin.

Holocauste
Masculin.

Icône
Féminin.

Idylle
Féminin.

Immondice
Féminin.

Interstice
Masculin.

Interview
Féminin, très logi-quement, comme son équivalent *entrevue*.

Jute
Masculin.

Mandibule
Féminin.

Météorite
Féminin, bien que *météore* soit masculin.

Nacre
Féminin.

Oasis
Féminin.

Obélisque
Masculin.

Obsèques
Féminin.

Ocre
Féminin.

Octave
Féminin.

Opercule
Masculin.

Opprobre
Masculin.

Opuscule
Masculin.

Orbite
Féminin.

Oriflamme
Féminin. Est-ce parce que nous pensons à un drapeau que nous disons parfois *un* oriflamme ?

Ovule
Masculin.

Ozone
Masculin.

Pénates
Masculin.

Primeur
Féminin.

Pustule
Féminin.

Réglisse
Féminin.

Scolopendre
Féminin.

Spore
Féminin.

Stalactite
Féminin.

Stalagmite
Féminin. Mon institutrice m'enseigna, pour distinguer la stalagmite de la stalactite, que les *mites* montent et les *tites* tombent. Mes camarades de classe et moi-même étions si satisfaits de cette trouvaille que, nous trompant parfois sur le genre du mot, nous n'avons jamais oublié dans quel sens la chose croissait, du haut vers le bas, ou du bas vers le haut !

Ténèbres
Féminin.

Tentacule
Masculin.

Ulcère
Masculin.

Urticaire
Féminin.

L'INCLINAISON
EST UN MAUVAIS PENCHANT
OU
LES RESSEMBLANCES TROMPEUSES

«Comment pouvez-vous dire que vous avez de l'inclinaison pour la musique? me demande Georgette L., de Fécamp, en Normandie. Ignorez-vous la différence entre *inclinaison* et *inclination*? Le premier mot signifie que vous vous penchez. Le deuxième que vous tendez vers quelque chose. Vous qui parlez le soir devant des millions de gens devriez donner l'exemple d'une bonne compréhension du français, au lieu de quoi vous vous complaisez dans les erreurs les plus grossières. Cessez de vous égarer et manifestez enfin un peu d'*inclination* pour le beau langage. »

Merci, Georgette, pour cette volée de bois vert. Vous savez que j'incline à préférer le bon français

au mauvais, mais nul n'est à l'abri d'une erreur.
Rétablissons les faits…

L'*inclinaison* est l'état de tout ce qui est incliné. La
pente d'un toit, une rampe, une piste de ski, la tour
de Pise. Leur inclinaison peut varier et se mesure en
degrés. Je peux moi-même m'incliner, comme je le
fais, lors de mes concerts, pour saluer le public. J'en
profite pour offrir à mon chef d'orchestre une brève
inclinaison de tête pour saluer son magnifique travail, et celui des musiciens qu'il dirige.

L'*inclination*, en revanche, n'a généralement rien
de physique. Elle consiste en un élan, une tendance,
une propension, un mouvement du cœur et de l'esprit. J'ai, pour ma part, une vive *inclination* pour
la francophonie, pour les arts culinaires et pour la
peinture. Le mot *enclin* dérive du sentiment d'inclination. Je suis enclin à voyager, à partir à la rencontre de mon public, à communiquer avec ceux
qui aiment la langue française.

Cependant, l'*inclination* peut traduire une pos-
ture du corps qui manifeste un accord intellectuel.
L'*inclinaison* est une affaire d'angles, l'*inclination*,
une question d'état d'esprit. Un footballeur renvoie
le ballon vers le camp adverse, d'une tête à l'*inclinaison* bien calculée. À l'issue du match, il pourra
acquiescer d'une *inclination* de tête à la proposition
d'un entraîneur qui voudra le recruter au sein d'un
autre club.

135

Sans être strictement identiques, comme le seraient des homonymes, certains mots se ressemblent mais ne signifient pas la même chose. On les appelle des *paronymes*. Parfois, une seule lettre change et tout est différent. Quand faut-il, par exemple, employer *infecter* plutôt que *infester*? *Conjecture* plutôt que *conjoncture*? *Circoncire* plutôt que *circonscrire*? *Acception* plutôt qu'*acceptation*? Georgette L., de Fécamp, que diriez-vous de traverser avec moi la forêt des paronymes, une forêt où l'*inclinaison* des arbres salue l'*inclination* du voyageur à s'amender?

Abhorrer/Adorer/Arborer

On trouve dans le verbe *abhorrer* la même racine que celle du mot *horreur*. Nous *abhorrons* ce qui nous fait horreur. Le mot est synonyme de *détester*.

Adorer consiste à vénérer, à aimer à la folie.

Le verbe *arborer* vient, lui, de la même racine qu'*arbre*. Il signifie exhiber une chose, que nous plaçons sous les yeux des autres pour le rendre aussi visible qu'un arbre dressé. Attention, pas de mauvais esprit : je pense au drapeau *arboré* par le soldat qui défile, au bijou qu'une amie arbore fièrement, à l'air intelligent qu'*arbore* avec un peu de fatuité une vedette de la télévision, à l'enfant qui *arbore* le trophée qu'il vient de gagner à un concours de chant.

Abjurer/Adjurer

Abjurer veut dire renoncer solennellement à une opinion ou à une religion. Henri IV *abjura* la religion réformée et se fit catholique. L'Inquisition prétendait contraindre les suppôts du diable à *abjurer*. La crise économique de 2010 poussa certains libéraux à *abjurer* leur foi en un marché autorégulé.

Adjurer signifie demander de manière pressante, supplier. Mes amis m'*adjurent* de parler un meilleur français. J'*adjure* ce violoniste de jouer juste. La victime *adjure* son agresseur de la laisser en paix.

Acceptation/Acception

L'*acceptation* est le fait d'accepter. Si je ne réponds pas à telle lettre de l'administration fiscale, cela vaudra acceptation de mon redressement.

Acception est le sens donné à une phrase ou à un mot. Si je demande à un menuisier de *prendre la porte*, je m'attends à ce qu'il la retire de l'embrasure, par exemple pour graisser les gonds. Mais si je demande à un perturbateur de *prendre la porte* du studio de télévision, je lui signifie qu'il doit partir. *Prendre la porte* est ici pris dans deux *acceptions* différentes.

Adhérence/Adhésion

Nul n'est à l'abri des confusions malheureuses, et c'est un personnage éminent, président d'une entreprise de l'audiovisuel qui a, récemment, utilisé le mot *adhérence* pour signifier qu'il a obtenu, en réalité, l'*adhésion* de ses syndicats.

Allez, confessons que l'erreur est minime : l'adhérence est l'état d'une chose physiquement collée à une autre. Quand le capitaine Haddock tente de se débarrasser d'un bout de sparadrap, il est victime d'une adhérence.

Rien n'empêche cependant d'utiliser le mot *adhérence* dans un sens figuré, mais l'adhérence est passive. Elle résulte des seuls effets mécaniques de la colle.

S'il s'agit d'exprimer un choix, un élan volontaire, on parle d'*adhésion*.

Affectation/Affection

L'*affectation* est l'état de ce qui est affecté, artificiel, sans sincérité.

L'*affection* est un sentiment qui nous rapproche de ceux qui nous sont chers. À ces derniers, nous manifestons notre *affection* sans *affectation*.

Affleurer/Effleurer

Les deux termes dérivent de *fleur*, dans le sens de surface, comme dans « à fleur de peau ».

Affleurer s'applique à ce qui met une chose au même niveau qu'une autre. Par exemple, dans la savane, on voit parfois *affleurer* des nappes de sel, que les animaux viennent lécher. Le pétrole *affleure* quand le sol est spongieux. Ces souvenirs font *affleurer* ma nostalgie.

On peut rapprocher le verbe *affleurer* de l'expression *à fleur de*. Le réchauffement climatique, par exemple, a placé certaines îles de l'archipel des Maldives *à fleur* d'eau.

Effleurer, c'est frôler une surface, ne pas s'y attarder. Les répercussions de l'accident sont limitées : la voiture n'a fait qu'*effleurer* le piéton. Je n'ai pu qu'*effleurer* la question des dédommagements qui me sont dus. Son doigt a *effleuré* les lèvres de son amoureuse.

Agonir/Agoniser

Quand je fais une faute de français à l'antenne, je me fais *agonir* d'injures. Certains sont si choqués qu'ils voudraient me voir *agoniser*. La différence n'est pas mince. *Agonir* veut dire « accabler ». *Agoniser*, c'est pousser son dernier soupir. *Agonir* se conjugue comme *finir*. *Agoniser* se conjugue comme *marcher*.

On dira par exemple que le malade *agonisait* tout en *agonissant* de blâmes le médecin qui l'avait mal soigné.

Alcoolique/Alcoolisé

Le participe passé *alcoolisé*, du verbe *alcooliser*, désigne ce à quoi on a ajouté de l'alcool. Quand j'étais grippé, ma mère me servait parfois un peu de thé au citron auquel elle ajoutait du miel et un dé à coudre de rhum. Ce thé au citron était donc *alcoolisé*. Le baba au rhum est un dessert alcoolisé.

La vodka n'est pas une boisson *alcoolisée*, mais une boisson *alcoolique*, faite d'alcool pur.

Amarrage/Arrimage

L'*amarrage* consiste à lier avec des amarres. Un porte-conteneurs est amarré à un remorqueur pour franchir la passe d'un port. Deux vaisseaux spatiaux qui se rejoignent dans l'espace doivent s'amarrer l'un à l'autre.

L'*arrimage* vise à consolider la manière dont une charge est disposée, en l'équilibrant, en la stabilisant, ou en l'enveloppant d'un filet. Une famille qui va passer ses vacances au camping doit bien arrimer sur le toit de sa voiture la tente, les bagages et la glacière.

Dire que la navette spatiale s'est *arrimée* à la station spatiale internationale est donc absurde. Elle s'y est simplement amarrée.

Aménager/Emménager

Aménager, c'est prendre des dispositions pour rendre un lieu ou un système propre à l'usage qu'on veut en faire. On aménage un hangar pour en faire une salle de concert. On aménage les horaires de travail pour une meilleure continuité des services. On aménage un coin penderie dans un appartement.

Emménager, c'est installer son *ménage* quelque part, c'est-à-dire se disposer à occuper un nouveau logement. On dira, par exemple, que le nouveau président de la République vient d'*emménager* dans les appartements privés de l'Élysée.

Anoblir/Ennoblir

Est *anobli* celui à qui on confère un titre nobiliaire. La reine d'Angleterre a *anobli* Elton John, John Lennon et Mick Jagger.

Nous *ennoblit* ce qui nous rend plus noble, plus estimables. L'aptitude à pardonner *ennoblit* l'être humain.

Bimensuel/Bimestriel

Bimensuel : qui se produit deux fois par mois. Bimestriel : qui se produit tous les deux mois. Il en est de même pour *biannuel* et *bisannuel* : deux fois par an et tous les deux ans.

Biographie/Autobiographie

J'entends parfois parler d'une *autobiographie* de Voltaire écrite par Untel, ou d'une autobiographie de Claude François sur laquelle Untel vient de passer deux ans d'enquête et d'écriture. Quand je rédigerai mon autobiographie, j'entends bien le faire moi-même, ainsi que l'indique l'élément *auto*, du grec *autos* qui signifie « lui-même » ou « soi-même ». On peut écrire la biographie d'une autre personne, mais seule celle-ci peut écrire son autobiographie.

Blanchiment/Blanchissage/Blanchissement

Le *blanchiment* consiste à couvrir de blanc, ou à décolorer pour rendre blanc. Le blanchiment d'un mur rendrait cette pièce plus claire. Au figuré, le blanchiment permet de recycler dans des circuits légaux de l'argent d'une provenance douteuse.

Le *blanchissage* consiste à nettoyer le linge, ou à blanchir le sucre brut par raffinage.

Le *blanchissement* est l'opération par laquelle une

chose ou une personne devient blanche. En Asie et en Afrique, les produits de blanchissement de la peau connaissent une popularité inquiétante car on les soupçonne d'abîmer le derme. Michael Jackson recourut constamment à des techniques de blanchissement.

Bourré/Bourrelé

On *bourre* une terrine de viandes et de légumes, ce qui signifie qu'on la remplit bien. On *rembourre* un siège, c'est-à-dire qu'on en remplit l'assise et le dos de coton ou de matériaux mous. Mais on est *bourrelé* de remords. Le mot *bourrelé* vient de *bourreau*. Ce qui nous *bourrelle*, c'est ce qui nous fait souffrir, ce qui nous tourmente : l'angoisse, le sentiment de culpabilité, la jalousie…

Camarade/Collègue

Un candidat à «Questions pour un champion» reçoit du public une acclamation inhabituelle. Je lui demande qui sont ses *supporters*. «Des collègues», me répond-il. Je le questionne alors sur l'entreprise qui a envoyé sur le plateau une délégation si sympathique. Il hésite, bafouille, s'empêtre. Je découvre que son comité de soutien n'est pas constitué de *collègues* – personnes qui travaillent avec lui – mais de *camarades* – des amis.

C'est dans les quartiers nord de Marseille qu'est née cette confusion entre *collègue* et *camarade*. Des quartiers qui ont donné à la France des humoristes, des sportifs, des artistes, lesquels ont propagé, notamment parmi les jeunes, cette fausse équivalence. Il est temps de rétablir la vérité : un collègue est celui qui exerce la même profession que nous, ou qui est employé par la même entreprise.

Circoncire/Circonscrire

Certaines religions, certaines cultures, prescrivent la circoncision des bébés mâles. *Circoncire* revient à leur trancher le prépuce. *Circonscrire*, en revanche, veut dire limiter, confiner un phénomène dans un espace, l'empêcher de s'étendre. On circonscrit un incendie, un scandale, une épidémie.

Coasser/Croasser

La grenouille et le crapaud *coassent*. Le corbeau ou la corneille *croassent*. On peut dire l'un et l'autre de certains chanteurs de «Star Academy» ou de «X Factor».

Collision/Collusion

Deux objets qui se heurtent entrent en *collision*. On dit qu'un astéroïde est entré en collision avec un satellite. Deux personnes qui passent un accord secret et nuisible à autrui ou à la société établissent entre eux une *collusion*. Une enquête a prouvé que le maire d'un village et un entrepreneur de travaux publics étaient entrés en collusion pour partager une commission.

Compatriote/Concitoyen

Quand un homme politique s'adresse à ses *compatriotes*, c'est à toute la nation qu'il parle. Quand il se tourne vers ses *concitoyens*, il envoie un message aux habitants de sa ville, par exemple Contes, dans les Alpes-Maritimes, Pierrefitte-sur-Sauldre, dans le Loir-et-Cher, ou Le Merlerault, dans l'Orne. L'étymologie des deux mots suffit à éclairer sur leur sens. Dans *compatriote*, il y a *patrie*. Dans *concitoyens*, il y a *cité*. Pourtant, la confusion entre les deux termes se banalise, même chez les hommes politiques. Quand l'un d'eux, qui veut passer pour un homme d'État, parle de ses *concitoyens* alors que son discours s'adresse de toute évidence à l'ensemble des Français, je m'inquiète. Confond-il le pays avec un canton ? C'est *compatriotes* qu'il faudrait dire.

Conjecture/Conjoncture

Quand je pose une question aux candidats de « Questions pour un champion », je m'abstiens de regarder tout de suite la réponse. De cette manière, je peux jouer avec eux et tester, moi aussi, mes connaissances. Pendant qu'ils réfléchissent, des conjectures me viennent à l'esprit, c'est-à-dire des suppositions, des présomptions. Parfois, les questions sont difficiles et je me noie dans mes hypothèses : je me perds en *conjectures*.

La *conjoncture*, elle, rend compte d'un état de fait. Pris ensemble, l'inflation, le déficit budgétaire, les taux d'intérêt constituent la conjoncture économique. La présence éventuelle d'un rival, la réciprocité des désirs, la complémentarité des personnalités établissent une conjoncture amoureuse...

Continuation/Continuité

Avez-vous prêté attention à la vogue du mot *continuation* ? Au restaurant, à peine l'assiette de l'entrée a-t-elle été retirée par le serveur que celui-ci vous souhaite une « bonne continuation » pour le reste du repas. L'avion vient d'atterrir et l'hôtesse de l'air vous souhaite une « bonne continuation » pour votre vol en correspondance. Le mot est mis à toutes les sauces, mais son utilisation n'est pas malencontreuse, puisqu'il désigne « l'action de poursuivre quelque chose ». Attention cependant, si le mot *continuation* est pertinent, l'expression *bonne continuation* est tenue pour familière ou populaire.

Continuité désigne ce qui est continu, sans interruption dans le temps ou dans l'espace. On assure la *continuité* d'une tradition, la *continuité* d'une espèce.

Dentition/Denture

Nos dents constituent la *denture*. Une belle denture (et non une belle dentition) rend le sourire éclatant. La *dentition* est le processus par lequel se forme la denture. Chez l'enfant, la dentition, c'est-à-dire la percée des gencives par les dents de lait, produit des douleurs difficiles à calmer.

Effraction/Infraction

Si vous trichez en ne déclarant pas tous vos revenus, vous êtes responsable d'une *infraction* à la réglementation fiscale. Si vous empruntez une rue en sens interdit, vous vous rendez coupable d'une infraction au code de la route. Si vous engloutissez un litre de vodka lors d'une réunion des alcooliques anonymes, vous commettez une infraction au bon sens et à la règle de cette association.

Si votre litre de vodka vous a rendu ivre, vous aurez peut-être oublié le code d'entrée de votre immeuble. Pour entrer chez vous, vous devrez briser une vitre. Vous aurez ainsi commis une *effraction*. Si c'est un voleur qui force une serrure en votre absence, il sera à la fois coupable d'une effraction – le bris de serrure – et d'une infraction au code pénal.

Émerger/Immerger

Ce qui *émerge* sort d'un liquide ou dépasse sa surface. Les îles de Lérins – Sainte-Marguerite et Saint-Honorat – *émergent* au large de Cannes. Au sens figuré, une idée peut *émerger*, de même qu'un artiste, une tendance, ce qui veut dire qu'ils sortent de la masse.

Immerger consiste à plonger dans un liquide. L'immersion est donc l'état de ce qui est immergé. On peut parler d'un trésor *immergé*. La base de l'iceberg est *immergée*, alors que seule sa pointe émerge. Au sens figuré, on s'*immerge* dans un livre passionnant, dans un sujet d'étude ou dans un travail. Quand j'entre en studio, je m'*immerge* dans les enregistrements de « Questions pour un champion ».

Émigrer/Immigrer

Émigrer : quitter son pays pour s'installer et vivre dans un autre.

Immigrer : arriver d'un pays étranger et s'installer sur une terre d'accueil.

La différence entre ces deux mots relève d'une question de point de vue. Point de vue du départ pour l'émigration, point de vue de l'arrivée pour l'immigration. Un émigré est donc forcément, aussi, un immigré. Un Tunisien qui vient vivre en

France est un émigré pour ses compatriotes et un immigré pour les Français.

Éminent/Imminent/Immanent

Éminent est ce qui se situe au plus haut niveau. Un scientifique *éminent*. Les qualités *éminentes* d'un héros. Le rôle *éminent* joué par un négociateur dans la libération d'otages.

Imminent : qui va se produire bientôt. Une nouvelle crise financière est-elle *imminente* ?

Le mot *immanent* fait partie du vocabulaire de la philosophie. Il désigne ce qui relève de la nature même d'un être, par opposition à transcendant, qui désigne ce qui le dépasse. Le grand compositeur Igor Stravinski expliquait : « Je considère la musique comme impuissante à exprimer quoi que ce soit : un sentiment, une attitude, un état psychologique, un phénomène de la nature... L'expression n'a jamais été la propriété *immanente* de la musique. » Comment exprimer son désaccord avec un artiste aussi *éminent* ? me suis-je demandé, stupéfait, en découvrant cette phrase... J'aime mieux le trait d'humour de Pierre Dac, qui écrivait : « La justice immanente est rarement imminente. »

Épidémie/Épizootie/Pandémie/Endémie

Une *épidémie* frappe les populations humaines, une *épizootie* se répand parmi les animaux. Une *pandémie* est une épidémie généralisée, susceptible de se diffuser sur l'ensemble d'une population. Une *endémie* touche en permanence une région donnée.

Éruption/Irruption

Si un perturbateur fait *irruption* sur un plateau de télévision, il est immédiatement évacué par les agents de sécurité. Mais ces derniers ne pourront rien faire en cas d'*éruption* volcanique.

L'*irruption* est un jaillissement, une invasion, une arrivée subite et intrusive.

L'*éruption* est l'évacuation brutale d'une matière jusqu'alors contenue dans un corps ou un objet. On parle ainsi d'une *éruption* de pus, d'une *éruption* d'acné, d'une *éruption* cutanée ou d'une *éruption* solaire. On peut utiliser *éruption* dans un sens figuré : une *éruption* de colère.

Évoquer/Invoquer

Évoquer signifie rappeler un souvenir à la mémoire, aborder un sujet. On *évoque* un souvenir.

Invoquer veut dire *faire appel à*. On *invoque* un dieu, on *invoque* son passé pour prouver son innocence, on *invoque* un principe.

Excessivement/Extrêmement

J'entends dire qu'un opéra était *excessivement* beau, et que la cantatrice venue d'Amérique chantait *excessivement* bien. *Excessivement* signifiant « trop », « à l'excès », comment une telle chose est-elle possible ? Qu'un opéra soit *extrêmement* beau, qu'une cantatrice chante *extrêmement* bien, je le conçois. Mais que cela soit trop beau, trop bien, me paraît difficile à envisager.

Nous tendons à croire que les adverbes en « ment », plus lourds, donnent du poids à nos propos. Ici, cet *excessivement* mal employé leur confère plutôt un brin de confusion. Car si l'opéra était excessivement beau, c'est que cette beauté dérangeait le spectateur. Elle venait peut-être en contradiction avec l'idée de l'auteur et du compositeur. Imaginons que cet opéra ait été *La Bohème*... Trop de beauté tuait peut-être l'intention de Puccini. *La Bohème* met en scène, après tout, des jeunes gens sans argent qui vivent dans un taudis. J'en déduis que les décors, somptueux, ne pouvaient se concilier avec l'humilité des personnages. Alors que mon interlocutrice vantait cette production, son *excessivement* aboutissait à en faire la critique.

Il ne faut évidemment pas confondre non plus *excès* avec *accès*. L'accès est une voie d'entrée, mais aussi l'irruption (voir ce mot) d'un phénomène

151

désagréable : un accès (ou une quinte) de toux, un accès de fièvre, un accès de colère. Pour celui qui en est victime, ces accès sont des excès, mais les deux mots n'ont pas le même sens.

Gourmet/Gourmand

Le premier est un gastronome. Le second veut se remplir la panse. Au-delà se tient le glouton.

Hiberner/Hiverner

Les deux mots viennent du latin *hibernare*.

Un animal – ours, marmotte – *hiberne*, ce qui veut dire que son système physiologique se met en sommeil. Ses rythmes vitaux ralentissent. L'hibernation ressemble à un long sommeil.

Hiverner, c'est s'abriter pour l'hiver, prendre des dispositions pour passer la mauvaise saison. On dit qu'un régiment va *hiverner* en attendant que le printemps rende praticable le champ de bataille. Si un oiseau migrateur s'envole vers le sud quand vient novembre, c'est souvent qu'il se prépare à *hiverner* en Camargue, voire en Afrique.

Infecter/Infester

Un poumon, un système informatique, un corps social, peuvent être *infectés*, par le bacille de la tuberculose, par un virus pour ce qui est de l'ordinateur, ou par le défaitisme. En d'autres termes, une infection contamine, corrompt.

Infester, c'est ravager, envahir. Le monde de la finance est *infesté* de requins, dit-on. Les souris *infestent* le silo à grain. Les pionniers américains traversaient des plaines *infestées* de détrousseurs de diligences.

Littéraire/Littéral

Littéraire : ce qui se rapporte à la littérature. *Littéral* : ce qui est pris au pied de la lettre, sans distance.

Luxurieux/Luxuriant

Luxurieux désigne ce qui a trait à la *luxure*, c'est-à-dire la recherche effrénée des plaisirs, notamment sexuels. *Luxuriant* se rapporte à ce qui pousse avec force et vigueur : le bambou, les fougères, les plantes grimpantes. Dans les deux notions se retrouve cette idée d'abondance et de montée de sève, qui les fait parfois confondre.

Mettre à jour/Mettre au jour

Peu de confusions se produisent aussi fréquemment dans les médias : *mettre à jour* et *mettre au jour*.

On met *au jour* (c'est-à-dire *qu'on révèle, qu'on place dans la lumière du jour*) une sépulture pharaonique en Égypte, mais on met *à jour* le bulletin de santé d'une personnalité ou les cours de la Bourse. On ne *met à jour* que quelque chose qui change sans cesse, on *met au jour* ce qui était caché.

Meurtre/Assassinat/Homicide

Ravaillac est-il le *meurtrier* d'Henri IV ou son *assassin*? Landru a-t-il commis des *meurtres* ou des *homicides*? Mark David Chapman a-t-il commis un *assassinat* ou un *meurtre* sur la personne de John Lennon alors que celui-ci sortait du Dakota Building, à New York?

Nous utilisons parfois les mots *meurtre, assassin, homicide* et même *crime* comme s'ils voulaient dire la même chose. Il n'en est rien. Le mot *crime* désigne les infractions les plus graves, mais qui n'impliquent pas forcément la mort de quelqu'un, contrairement à l'homicide. Par exemple, le viol est un *crime* horrible, qui n'entraîne pas la mort d'une personne.

Homicide dérive du latin *homo*, homme, et de *caedo*, qui veut dire « couper », « tailler en pièces », « tuer ». D'où une fascinante liste de mots en *–cide* qui précisent l'identité du sujet occis. Un *acaricide* dégomme les acariens. Un *bactéricide* zigouille les bactéries. Un *cimicide* vous débarrasse des punaises ;

un *fongicide*, des champignons ; un *herbicide*, des herbes ; un *larvicide*, des larves ; un *insecticide*, des insectes, etc. Au sein même du genre humain, le *fratricide* enverra un frère rejoindre ses ancêtres ; un *infanticide*, un enfant ; un *matricide*, une mère ; un *parricide* ou un *patricide*, un père. Par définition, les crimes qu'évoquent ces mots sont des *homicides*, tout comme celui qu'on commet contre soi-même, le *suicide*, ou contre un groupe humain, le *génocide*. On peut aussi tuer des dieux (*déicide*), des rois (*régicide*) ou la liberté (*liberticide*). Et quand on massacre une langue, nous dit le linguiste Claude Hagège, si souvent rencontré lors des sommets de la francophonie, c'est un *linguicide* (bien que ce mot ne soit pas encore dans le dictionnaire) !

On appelle *homicide* le fait de causer la mort d'autrui, volontairement ou involontairement.

Mais on commet un *meurtre* en tuant quelqu'un *volontairement*.

Et on commet un *assassinat* si, de surcroît, le meurtre a été prémédité.

Notable/Notoire

Ce qu'on doit noter, et donc remarquer, est *notable*. Ce qui est *notoire* est su de tous (ce qui fait de *notoriété publique* un pléonasme). La longévité de « Questions pour un champion » est digne d'être distinguée.

Elle est donc *notable*. Cependant, comme elle est rapportée par les journaux, elle est aussi *notoire*.

Oiseux/Oisif

Oiseux caractérise ce qui est vain, inutile. Des ragots, sans fondement, sont *oiseux*. *Oisif* signifie désœuvré, sans occupation. *Oisif* se rapporte à l'*oisiveté*, qui consiste à ne rien faire, voire à se complaire dans l'inactivité. On recommande aux retraités de ne pas rester *oisifs*.

Opprimé/Oppressé

Celui qu'on *opprime* est victime d'un abus de pouvoir. La tyrannie – qu'elle soit celle d'un homme ou de la pauvreté – dénie sa dignité à celui qui la subit, donc l'opprime.

On est *oppressé* quand on ne peut plus respirer. Le stress, l'angoisse aussi bien qu'une maladie peuvent *oppresser*.

Original/Originel

Quand je compose une musique, elle sort de mon cœur, je la fais jaillir de mes doigts sur le piano ou sur le manche de ma guitare. Elle est donc *originale*, puisque je la crée.

Originel désigne ce qui est conforme à son origine. Par exemple, le tigre de Chine du Sud est l'ancêtre de tous les tigres. Il est le tigre *originel*. Pour les chrétiens, tous les hommes sont entachés par le péché *originel*, celui que commirent Adam et Ève en désobéissant à leur dieu.

Partial/Partiel

Partial : ce qui dénote un parti pris, un préjugé. *Partiel* : ce qui ne concerne qu'une partie d'un tout.

Percepteur/Précepteur

Le premier allège votre portefeuille, le second alourdit le bagage intellectuel de vos enfants. Le *percepteur* taxe votre habitation. Le *précepteur* la transforme en école. Le *percepteur* inflige des pénalités, le *précepteur* donne des bons points.

Péremption/Préemption

La *péremption* est l'état de ce qui est *périmé*. Quand une boîte de conserve a atteint sa date de péremption, il faut la jeter. La péremption de mon passeport m'oblige à le renouveler.

La *préemption* est la capacité d'une personne physique ou morale à *préempter*, c'est-à-dire à acquérir, un bien ou un service en priorité. Quand un appartement est mis en vente, le locataire qui l'occupe bénéficie d'un droit de *préemption*.

Perpétrer/Perpétuer

Perpétrer, c'est exécuter, accomplir un méfait. *Perpétuer*, c'est prolonger une situation, interminablement.

Prescrire/Proscrire

Prescrire signifie recommander. Un médecin prescrit un médicament ou un traitement.

Proscrire revient à interdire. Le même médecin nous impose un régime qui proscrit les graisses et les sucres.

Le sport est *prescrit* au sédentaire, et le tabac *proscrit* à la femme enceinte.

Dans le langage juridique, le mot *prescription* qualifie les crimes et délits qui, trop de temps ayant passé, ne peuvent plus faire l'objet d'un procès. On dit qu'un crime est *prescrit*.

Prodige/Prodigue

Un *prodige* est un événement tellement extraordinaire qu'il nous paraît surnaturel. On accole aussi le terme *prodige* à une personne qui fait preuve de talents inouïs. Un calculateur prodige. Un violoniste prodige. Un enfant prodige, capable de mémoriser l'annuaire téléphonique, ou d'être un nouveau Mozart.

Prodigue qualifie une personne qui gaspille son argent, qui le dépense sans compter. On peut rapprocher *prodigue* du verbe *prodiguer*, et de *prodigalité*. Le mot *prodigue* est familier aux chrétiens. Ils connaissent la parabole dans laquelle un jeune homme dilapide la part d'héritage que son père lui a offerte par anticipation, et revient penaud et déconfit à la maison familiale, où il est cependant bien accueilli : le retour de l'enfant prodigue.

Prolongation/Prolongement

La *prolongation* étire dans le temps, et le *prolongement*, dans l'espace. On procède à la prolongation du délai de remboursement d'un prêt, mais au prolongement d'une ligne du TGV. On pourrait procéder au prolongement de la ligne 1 du métro parisien jusqu'à la Manche, mais il faudrait accorder au maître d'œuvre la prolongation de la durée des travaux nécessaires à cette tâche.

Rebattre/Rabattre

On *rebat* les oreilles de quelqu'un quand on rabâche sans arrêt les mêmes propos. J'en ai les oreilles *rebattues*, peut-il dire. De même, on *rebat* le fer sur l'enclume, encore et encore, pour le forger. Mais on *rabat* un couvercle, un capot, l'écran d'un ordinateur portable ou une couverture sur le lit.

Recouvrer/Recouvrir/Retrouver

Recouvrer nous vient du latin *recuperare*, qui a également donné *récupérer*. *Recouvrer* signifie donc « reprendre possession de quelque chose », « récupérer quelque chose ». On peut ainsi dire que le joueur, qui avait perdu sa mise initiale au casino, a fini par la *recouvrer*. De même, un malade d'un service d'ophtalmologie peut avoir perdu la vue, puis la *recouvrer*. Le percepteur *recouvre* les sommes dues à l'administration fiscale. *Recouvrer* se conjugue comme *marcher*.

Recouvrir signifie « couvrir complètement », se superposer à quelque chose et le cacher au regard. On *recouvre* une statue d'un drap, on *recouvre* un lit, on *recouvre* les murs d'une toile de lin, la neige recouvre le gazon. *Recouvrir* se conjugue comme *courir*.

Le sens de *retrouver* (trouver de nouveau) est plus large que celui de *recouvrer*. On *retrouve* son chemin, les clés qu'on avait perdues. On dit aussi *retrouver* la santé, le moral, la joie de vivre : *retrouver* absorbe quelques-unes des significations de *recouvrer*. Mais ce dernier verbe demeure plus littéraire, voire, pour les puristes, le seul correct dans ces derniers cas.

Sabler le champagne/Sabrer le champagne

Sabler le champagne fait référence aux moules de sable dans lequel on coule le métal. On pourrait croire que le sable engloutit le métal en fusion, comme la soif du buveur absorbe le champagne.

Sabrer le champagne évoque l'époque où, d'un coup de revers de sabre, on décapitait la bouteille.

L'un et l'autre se disent. Dans tous les cas l'on boit. À votre santé, et à celle de la langue française !

Somptuaire/Somptueux

La semaine où décède Elizabeth Taylor, je lis dans la rubrique nécrologique du journal *Le Point*, à propos de sa relation avec Richard Burton : « Leur passion tapageuse alimentera les gazettes autant que les dépenses somptuaires de Liz, ses Rolls et autres bijoux de gros calibre. » Je détecte aussitôt – car on m'a déjà morigéné pour ce genre de faute – que la formule « et autres bijoux de gros calibre » ne peut pas être juste, puisqu'une Rolls-Royce n'est pas un bijou et que, ne faisant pas partie de la même catégorie, elle ne saurait être englobée dans les parures de la star. Par ailleurs, *somptuaire* désigne tout ce qui vise à réglementer, à encadrer les dépenses. Une loi somptuaire peut, par exemple, fixer le budget de l'Élysée. On ne peut donc confondre *somptuaire*, c'est-à-dire destiné à contrôler les dépenses, et *somptueux* qui veut dire *splendide* et *coûteux*. *Dépense somptuaire* ne veut rien dire.

Deux fautes en trois lignes. Je me dis alors que s'il a lu cette notice, le pointilleux maître Capello a dû en avoir une attaque cardiaque… Quelques lignes plus bas, mon cœur se serre : le même jour, dans le même magazine, on annonce le décès de Jacques Capelovici, la même semaine que celui d'Elizabeth Taylor, « à l'âge de quatre-vingt-huit ans. Ancien professeur au lycée Lakanal de Sceaux, érudit, polyglotte et amoureux de la langue française, il fut l'homme-dictionnaire des "Jeux de 20 heures" de FR3 de 1976 à 1987… »

Tendresse/Tendreté

La *tendreté* est l'état d'une viande dans laquelle le couteau s'enfonce « comme dans du beurre ». Par rapport au filet, la bavette, viande fibreuse, est d'une *tendreté* moindre.

La *tendresse*, elle, est un sentiment où se mêlent l'attention prêtée à l'autre, la douceur et la délicatesse.

Vous ne pouvez donc vanter la tendreté de votre bien-aimé(e) que si vous êtes cannibale.

Usagé/Usé/Usité

Un objet dont on se sert depuis longtemps est *usagé*. S'il est endommagé par l'usage qu'on en a fait, il est *usé*. S'il l'on s'en sert souvent, il est *usité*. Par exemple, mon cartable est *usagé* s'il me sert depuis longtemps. Il est *usé* si l'usage que j'en fais a râpé le cuir. Il est *usité* si je l'utilise chaque jour, mais cet emploi est un peu vieilli et s'applique rarement aux objets. On parle encore, en revanche, d'un mot *usité*.

Vénéneux/Venimeux

Vénéneux qualifie des végétaux qui produisent des substances toxiques. Il arrive qu'un cueilleur meure d'avoir farci son omelette d'amanites phalloïdes, qui sont des champignons *vénéneux*. Des plantes *vénéneuses* sont utilisées, à très faible dose, dans la composition de certains médicaments.

Venimeux se réfère à des animaux ou à des organes qui produisent du venin. On parle d'un serpent *venimeux*. La peau du crapaud-buffle est boursouflée de pustules *venimeuses*.

Vénéneux aussi bien que *venimeux* peuvent s'employer au sens figuré : un regard *venimeux*, une jalousie *vénéneuse*.

Volcanologue/Vulcanologue

Mes confrères de la radio, de la télévision ou de la presse écrite croient plus savant de dire *vulcanologue* que *volcanologue*. Aller de *volcan* à *volcanologue* leur semble trop simple. Ils se trompent. La volcanologie est la science des volcans, la vulcanologie est celle de ce qu'on vulcanise, c'est-à-dire, en particulier, le caoutchouc. Ce traitement s'opère par addition de soufre.

*
* *

Toutes les ressemblances ne sont pas trompeuses.

Par exemple, je me suis souvent demandé s'il fallait dire, de deux personnes qui visent le même objectif en bonne intelligence ou qui accomplissent la même action d'un commun accord, qu'elles agissent *de concert* ou *de conserve*... La première locution, de concert, dérive du verbe pronominal *se concerter*. Se concerter, c'est se mettre d'accord. Je me *concerte* avec le réalisateur d'une émission de télévision sur les mouvements que j'entends faire sur le plateau. Nous préparons donc l'émission *de concert*. Et quand je suis en tournée avec mon orchestre symphonique, j'offre aux spectateurs un *concert*, c'est-à-dire une

164

musique exécutée par un grand nombre de musiciens qui jouent en harmonie, en accord les uns avec les autres, et qui font donc de la musique… *de concert*.

De conserve fait partie du vocabulaire maritime. Il fut un temps où *conserver* signifiait *conserver en vie*, protéger, accompagner pour sauvegarder. Deux navires naviguaient *de conserve* pour se prêter assistance mutuellement en cas de danger. Il en est resté le sens d'accomplir quelque chose de manière conjointe. Agir *de concert* et agir *de conserve*, c'est donc un peu la même chose, même s'il vaut mieux réserver la deuxième expression à l'idée d'un déplacement effectué ensemble.

Il en est de même pour *lever un lièvre* et *soulever un lièvre*, expressions empruntées au vocabulaire de la chasse. Le lièvre est un animal furtif, de petite taille, assez vif pour zigzaguer et semer les rabatteurs. Lorsqu'un chasseur finit par voir ce lièvre habile à se dissimuler, on dit qu'il *lève* ou *soulève un lièvre*. L'expression s'applique par extension à celui qui distingue quelque chose que les autres ne voient pas, notamment un problème. « Le comptable a *levé un lièvre* : une erreur de calcul s'était glissée dans les comptes déjà approuvés. »

VOIRE MÊME
OU
LA RONDE DES PLÉONASMES

Voire même…

Cette faute-là, grave, j'ai juré depuis longtemps que je ne la ferais jamais ! Que celui qui me prendra en défaut lève la main ou, plus efficacement, me dénonce à mon employeur, le président de France Télévisions !

L'adverbe *voire* sert à surenchérir. Beaucoup l'ignorent : il faut sans doute, pour maîtriser la langue française, des années, *voire* toute une vie. Je pars bientôt en vacances. Si j'évalue le poids de ma valise à vingt, *voire* trente kilos, cela signifie que je dois me préparer à payer pour un excédent de bagage. Ma valise est solide et porte une étiquette à mon nom : je ne veux pas qu'elle soit endommagée, *voire* perdue. Cependant, si j'envisage de me rendre dans un pays où vient d'avoir lieu une catastrophe naturelle, il se peut qu'on me conseille de reporter, *voire* d'annuler mon déplacement.

Dans le paragraphe qui précède, on peut aisément remplacer tous les *voire* par *même*, qui signifie la même chose. *Voire même* est donc un pléonasme : une formule qui répète inutilement la même notion. Cela ne semble pas beaucoup gêner les hommes politiques qui, croyant peut-être renforcer leur propos, usent de cette formule illicite jusqu'à en oublier le sens des mots. À la radio, j'entends aussi bien qu'on polémique au sujet d'un film aux images violentes, *voire même* choquantes...

Certains ajoutent au pléonasme une grossière faute d'orthographe. *Voire même*, déjà fautif, devient ainsi *voir même*, alors que le verbe *voir* n'a, précisément, rien à voir dans l'histoire. D'autres encore utilisent *voire* pour le contraire de ce qu'il signifie. Le bulletin météorologique de la Radio Suisse Romande annonçait récemment que le vent soufflerait à « 100 km/h sur le plateau alémanique, *voire* 70 km/h en Suisse romande » ! Voudrait-on dire que le vent peut toujours souffler plus lentement en Suisse, on ne s'y prendrait pas autrement.

Tous mes vœux... L'année des pléonasmes

« Cher Julien, à l'occasion de cette nouvelle année, je vous souhaite mes meilleurs vœux », m'écrit un ami. Heureuse période où chacun souhaite aux autres le meilleur de la vie… Mais que me souhaite ce correspondant, au fait ? Il me souhaite… ses vœux ! Que vais-je en faire ? Je crois que j'aurais préféré la santé, le bonheur, la longévité, le succès…

Je veux bien qu'il m'adresse ses vœux, mais je préférerais qu'il me souhaite autre chose que… des souhaits. En effet, *vœu* est quasi synonyme de *souhait*. Souhaiter ses vœux revient à souhaiter des souhaits. Bref, c'est bien ce qu'on appelle un pléonasme.

Mon souhait, ce serait que de plus en plus de spectateurs à travers le monde célèbrent le culte de la curiosité et de l'ouverture d'esprit en regardant « Questions pour un champion ». Grâce à TV5 Monde, l'émission touche un public toujours plus varié. On pourrait dire que ce programme *s'exporte bien à l'étranger* si ce n'était, précisément, un pléonasme ! Pourtant, j'entendis récemment un journaliste de France Inter vanter le succès d'un produit « exporté dans vingt-cinq pays étrangers ». Où diable pourrions-nous exporter nos produits, si ce n'est à l'étranger ? Quant aux importations, George Bush suggéra jadis qu'un trop grand nombre d'entre elles « venaient de l'étranger ». Son pléonasme fit rire le monde.

Des pléonasmes, inutile d'en souhaiter, ils déferlent tout au long de l'année. J'en vois de mes yeux et j'en entends de mes oreilles chaque jour. Tiens, en voilà deux en une seule phrase ! Avec quoi voit-on, sinon avec les yeux ? Avec quoi entend-on, sinon avec les oreilles ? On peut faire mieux, plus fort encore.

Passons rapidement sur les grands classiques...

La notoriété est forcément publique. Sinon, elle serait à la fois notoire, c'est-à-dire connue de tous, et secrète !

Un tollé est un cri d'indignation général. Donc un tollé qui ne serait pas général n'aurait pas voix au chapitre, inutile d'ajouter l'adjectif malvenu. La même caractéristique s'applique au consensus. On évitera donc de parler d'un consensus général, ou unanime.

Un tri est obligatoirement *sélectif*, et un débat, *participatif*.

Si l'on n'est ni acrobate ni quadrumane, on marche forcément à pied.

Un cauchemar est nécessairement déplaisant, sinon, ce serait un rêve. Cela condamne les *mauvais cauchemars*.

Au Moyen Âge, le fils aîné héritait les biens de son père (oui, on hérite quelque chose de quelqu'un). Le cadet recevait en lot de consolation un fief dont il serait le seul à pouvoir jouir. C'était son *apanage*. Inutile de le qualifier d'exclusif.

Un tronc est forcément *commun*, sinon c'est de branches qu'on parle !

Une panacée est un remède universel. Comme pour tous les médicaments, on est prié de respecter la posologie : une panacée universelle représente une dose de trop.

À propos de maladie, la *logorrhée* est un flot de paroles oiseuses que rien ne peut arrêter. Le mot est formé à partir du grec *logos*, qui veut dire « parole », et de *rrhée*, « ce qui coule », comme dans diarrhée. Parler de logorrhée verbale revient à ignorer comment ce mot savant s'est forgé.

Trop et *excessif* évoquent la même notion. *Trop excessif*, c'est vraiment trop. Il en va de même d'*abuser trop*.

Un oubli ou une erreur ne sont pas volontaires, un campus est fréquenté par des étudiants, un bip ne peut résonner ailleurs qu'à vos oreilles, un don n'est pas payant, une colline de roc ne fera jamais une dune, s'esclaffer veut dire rire bruyamment, on ne sort pas à l'intérieur, on ne suit pas devant, on ne va pas de l'avant quand on rebrousse chemin... Ce qui condamne les pléonasmes *oubli* ou *erreur involontaire*, *campus universitaire*, *bip sonore*, *don gratuit*, *dune de sable*, *s'esclaffer de rire*, *sortir dehors*, *suivre derrière* et *reculer en arrière*. Faut-il préciser encore qu'on ne dit pas *monter en haut* ou *descendre en bas*, sauf si l'observateur, placé par exemple au dixième étage, voit en se penchant par-dessus la balustrade de la cage d'escalier un grimpeur gravir les marches, quelques étages plus bas. Dans ce cas, mais dans ce cas seulement, il peut proclamer qu'il voit quelqu'un *monter en bas*.

De même, les formules *prévenir avant*, un *futur projet*, un *projet d'avenir*, *devenir par la suite*, ou *puis ensuite* redoublent inutilement la notion de temps qu'elles évoquent.

Mes amis du service des sports, qui prônent un monde idéal, font parfois, à l'issue d'un match, le constat d'une *égalité parfaite*. Il faudra leur signaler qu'une égalité imparfaite équivaudrait à une... inégalité ! Les mêmes nous facilitent la vie en établissant un *bref résumé* d'une rencontre que nous avons manquée. Cela vaut mieux qu'un long, qui ne serait pas un *résumé*. Parfois, pour améliorer leur situation, indiquent-ils, il faudrait que les joueurs d'une équipe, enfin *solidaires les uns des autres*, *commencent d'abord* par *collaborer ensemble*, sans quoi leurs espoirs de remporter le championnat seraient *complètement anéantis*. Pour les *bénévoles volontaires* du club, ce serait un *mauvais cauchemar*. Quant à mon équipe favorite en ligue 1 de football, l'OGC Nice, elle a été *surprise à l'improviste* par l'offensive des Auxerrois. Pourtant, sa *première priorité* étant de gagner à domicile, elle s'était bien *préparée à l'avance*. Il faut signaler qu'un joueur s'est blessé, victime d'une *hémorragie sanguine*. Comment aurait-elle pu, dans ces conditions, marquer plus de deux buts, au *grand maximum* ? Relisez ce paragraphe : toutes les expressions en italiques sont des pléonasmes !

Si vous cherchez une mine de pléonasmes où affleurent les pépites, écoutez chaque jour, comme moi, les prévisions météorologiques. Vous apprendrez qu'*il pleut dehors*. Il faut *vite se dépêcher* de prendre son parapluie. Dans une zone encaissée, les *rafales de vent* sont souvent violentes en raison de la *topographie des lieux*. Cependant, la science a ses limites : on ne peut pas *prévoir à l'avance* le temps qu'il fera dans quinze jours.

Pour *voire même*, j'ai plaidé non coupable. Je me défends semblablement – dans l'espoir que personne n'ira fouiller dans les archives de l'INA – d'avoir jamais employé d'autres pléonasmes, tels que *car en effet*, *donc par conséquent*, *mais cependant*, *mais pourtant* ou *comme par exemple*. Je ne parle jamais d'un *grand géant*, d'un *pactole financier* ou d'une *caserne militaire* puisque l'un et les autres ne sauraient être que *grand, financier* ou *militaire*. Je n'ai jamais dit qu'un homme s'était *suicidé lui-même*.

Je ne crois pas non plus m'être souvent adonné à la formule fautive *s'avérer vrai*. On utilise le verbe *avérer* pour admettre la vérité d'une assertion. Si une chose est avérée, c'est qu'elle est vraie. Inutile de porter à la fois des bretelles et une ceinture. Dire qu'un fait est avéré ou dire qu'il est vrai, c'est la même chose : il ne sert à rien de le proclamer deux fois.

Je ne dis pas non plus *au jour d'aujourd'hui*, qui répète sans avantage pour la clarté du discours que nous sommes bien aujourd'hui, et pas hier ou demain. Dirait-on, pour insister encore, *au jour du jour d'aujourd'hui* ? Non, puisqu'il y a déjà *jour* dans *aujourd'hui*. À quoi bon en ajouter (et non en *rajouter*) ?

Mea culpa

Il est temps pour moi, en matière de pléonasmes, de battre ma coulpe. À propos de *coulpe*, pardonnez-moi d'ouvrir une parenthèse... Le mot *coulpe* vient de *culpa*, que nous utilisons souvent dans *mea culpa* (« c'est ma faute ») et qui signifie « faute », « culpabilité ». Au Moyen Âge, on se punissait de ses péchés en se frappant la poitrine. D'où l'expression *battre sa coulpe*. Fermons la parenthèse.

173

Battons-donc notre coulpe. Madame D., d'Orthez, dans les Pyrénées-Atlantiques, vous m'avez pris la main dans le sac de pléonasmes... Oui, j'ai bien parlé du *taux d'alcoolémie*... et j'ai eu tort !

On appelle *alcoolémie* le taux d'alcool présent dans le sang. L'alcoolémie se mesure généralement en grammes par litre de sang. Rapprocher les mots *alcoolémie* et *taux* dans *taux d'alcoolémie* est donc superfétatoire (ce qui signifie, rappelons-le, « superflu », « excédentaire », et donc inutile) !

Pour la même raison, mieux vaut parler du taux de sucre dans le sang que du taux de glycémie, puisque la glycémie est déjà, en soi, une mesure du taux de sucre.

Les pléonasmes, ce sont des béquilles offertes à des mots valides, et tout à fait capables de marcher seuls. Chaque jour, vous, d'autres et moi, leur faisons l'affront de les affubler de ces cannes et de ces prothèses dont ils n'ont nul besoin. Nous avons des circonstances atténuantes : nous voulons toujours insister, ne pas courir ce risque si fréquent, signe des temps modernes : ne pas être compris. Donc nous en « rajoutons », nous engraissons les mots, nous les rendons obèses.

Alors, êtes-vous prêts à faire subir au langage une cure d'amaigrissement ?

─────────────── **EXERCICE** ───────────────

Les journaux radio et télévisés nous offrent leur lot de pléonasmes... Sur RTL par exemple, à l'instant, j'entends qu'une personne a été *nommément nommée* dans le cadre d'un procès ! Dans le texte qui suit, saurez-vous débusquer les mots inutiles et faire maigrir les phrases en faisant la chasse aux pléonasmes ? Donnez-vous une minute. Top, départ !

Les chefs de gouvernements se seraient concertés ensemble pour différer à plus tard l'abolition totale des monopoles exclusifs. Tenté de claquer bruyamment la porte, le délégué de la France a cependant reconnu que, face à la conjoncture actuelle, les pays européens devaient s'entraider mutuellement. Enfin, pour conclure, les congressistes tous unanimes ont décidé d'inaugurer l'ouverture de nouvelles négociations qui permettront, sans faux prétexte, d'achever complètement le processus.

─────────────── **CORRIGÉ** ───────────────

Les pléonasmes à éliminer étaient les suivants :
Concertés ensemble (On se concerte nécessairement ensemble.)

Différer à plus tard (Différer : remettre à plus tard.)

Abolition totale (Abolir : anéantir, donc pas de quartier !)

Monopoles exclusifs (Un monopole suppose l'exclusivité.)

Claquer bruyamment (Pourriez-vous claquer silencieusement une porte ?)

Conjoncture actuelle (La conjoncture est nécessairement la situation du moment.)

S'entraider mutuellement (Sans commentaire !)

Enfin, pour conclure (On conclut toujours à la fin.)

Tous unanimes (Unanimité : conformité d'opinion de *tous*.)

Inaugurer l'ouverture (Inaugurer : entreprendre, mettre en pratique pour la première fois, ouvrir.)

Faux prétexte (Prétexte : raison invoquée pour dissimuler le véritable motif d'une action, donc nécessairement fausse.)

Achever complètement (Achever : finir. Diriez-vous : « complètement fini » ?)

SONOTONE ET FRIGIDAIRE
OU
PROPRIÉTÉ PRIVÉE

« Cher Julien,
Veuillez noter que les malentendants ont besoin d'une *prothèse auditive*, pas d'un *Sonotone*. *Sonotone* est une marque. Chez moi, je n'ai pas un *Frigidaire*, j'ai un *réfrigérateur*. Si vous insistez, je vous en communiquerai la marque.
Je vous remonte amicalement les bretelles. »
Jean, 82 ans.

Il a bien raison, Jean, qui m'écrit de la rue de Belleville, à Paris. Les deux mots qu'il cite sont la propriété privée des sociétés qui les ont enregistrées en tant que marques commerciales : Sonotone Corporation pour *Sonotone,* et General Electric pour

Frigidaire. Il en est de même pour *Caddie* (employé dans le sens de chariot de supermarché), *Walkman* (baladeur), *Bic* (crayon à bille), *Carte Bleue* (carte de crédit), *Digicode* (serrure codée), *Escalator* (escalier mécanique), *Fermeture Éclair* (fermeture à glissière), *Kleenex* (mouchoir jetable), *Jacuzzi* (baignoire à jets), *Mobylette* (vélomoteur), *Kärcher* (nettoyeur à pression), *Scotch* (ruban adhésif).

Citons aussi *Botox*, *Couteau Suisse*, *Frisbee*, *Jet-Ski*, *Post-it*, *Rimmel*, *Sopalin*, *Tampax*, *Thermos*, *Velux* ou *Zodiac*.

Ces marques commerciales devraient être systématiquement suivies d'un des symboles de la propriété intellectuelle et industrielle : ® ou TM, en particulier. Il faut les considérer comme des noms propres. Mieux vaut toujours préférer le nom commun qui désigne l'objet auquel elles correspondent.

SIGNER LA VICTOIRE
OU
LE DÉFILÉ DES MOTS À LA MODE

Au courrier, ce matin, cette lettre d'Annie I., qui demeure rue du Jardin-Public, à Bordeaux : « Pourquoi vous sentez-vous obligé d'utiliser ces formules à la mode qu'on entend partout ? Vous avez exulté, lors de la victoire d'un candidat à votre jeu en glapissant : "Serge signe sa dixième victoire ! Quel triomphe !" De nos jours, on signe tout et n'importe quoi. Un sportif signe un podium, un politicien signe une élection, j'ai même lu que la crise économique signait la fin du libéralisme. »

Elle n'a pas tort, Annie, et je serais prêt à renier ce *signer une victoire* s'il se révélait vraiment incorrect, mais on peut très bien signer au sens figuré : faire figurer sa marque sur un objet ou une notion abstraite. Je ne me sens donc coupable que d'avoir suivi un courant, une tendance, l'air du temps. Le propre de la mode, c'est que nous la suivons pour faire comme tout le monde... et qu'elle se démode. Il en est de même en matière de langue : nous empruntons à l'air du temps quelques expressions faciles par mimétisme (comportement qui consiste à reproduire les usages du milieu ambiant)... et nous continuons de les employer quand elles évoquent une autre époque.

Cela me rappelle la fable des moutons de Panurge : un mouton saute à l'eau ; les autres le suivent sans réfléchir et se noient par seul souci d'imiter la foule. Ces expressions à la mode, nous les entendons sans cesse dans la bouche de ceux qui, faute d'un vocabulaire riche et adéquat, cèdent aux influences extérieures. De nouveau, une métaphore ovine (« qui se rapporte aux moutons ») me vient à l'esprit. Sur la laine des moutons se fixe une sueur grasse, le suint. Plus le poil est fin, plus le suint abonde. Une laine normale ne contient que le quart de son poids en suint ; celle des mérinos, les deux tiers. En d'autres termes, plus la laine de votre vocabulaire est ténue, plus les expressions à la mode la rendront graisseuse !

Rêvons-nous de devenir des moutons guidés par les mauvais bergers des médias ? Voulons-nous bêler avec le troupeau ? Non ? Dans ce cas, voici comment éviter de se jeter à l'eau.

À la fois/En même temps

Pour exprimer le balancement de deux idées antagonistes, la langue française dispose de bien des mots : *pourtant*, *néanmoins*, *quoique*… Une absurde tendance veut qu'on leur substitue, au hasard des phrases, *à la fois* ou *en même temps*.

Élodie Gossuin, ancienne Miss France, nous parle d'une miss controversée pour avoir été photographiée dans des poses suggestives. « J'imagine, commente Élodie, que ça doit être dur de voir des photos porno paraître dans un magazine. *À la fois*, avoir fait des photos comme ça, c'est révélateur d'une certaine mentalité. » « Je voudrais louer un chalet à la montagne, me dit un ami. *À la fois*, le prix des locations est moins élevé au bord de la mer. » « J'hésite, dit le jardinier. Je voudrais planter des impatiens car elles fleurissent longtemps. *En même temps*, la couleur des marguerites est plus éclatante. »

J'aimerais voir fleurir, pour ma part, des myosotis, cette jolie fleur pâle que les Anglais appellent le *forget-me-not* : « Ne m'oublie pas ». Il me plaît de penser qu'elle nous rappellerait l'existence de ces mots qui défient les modes : *toutefois* et *cependant*. Ils conviendraient tellement mieux que ces *à la fois* et *en même temps*, employés abusivement.

Au final

Au final, les spectateurs battent des mains et chantent avec les artistes. Traduisez : lors du numéro final d'une opérette ou d'une comédie musicale, le public est en liesse. Le final constitue l'apothéose d'un spectacle. Par quel glissement malencontreux *au final* a-t-il remplacé *en fin de compte*, je ne me l'explique pas. En effet, aucun écrivain classique n'a jamais, je crois, employé *au final* dans ce sens. Aucun dictionnaire n'en valide l'usage. Pourquoi cette journaliste d'Europe 1 dit-elle « La note sera salée, *au final* » plutôt que *en définitive* ou *finalement* ?

Il semble que beaucoup d'entre nous adoptent sans réfléchir ce *au final* malencontreux. Nous servent-ils à toutes les sauces, jusqu'à l'indigestion, une réminiscence du latin *in fine* ? J'aimerais le croire, mais ceux qui disent *au final* ne sont probablement pas, en fin de compte, de fins latinistes...

Bon appétit !/Bonne dégustation !

Trouvez-moi bégueule si vous voulez, mais je n'aime pas qu'on me souhaite un « bon appétit ». Quand je me mets à table, j'espère faire honneur aux efforts du chef ou de la cuisinière. J'espère savourer les mets, même les plus simples, qu'on aura préparés pour moi. Je ne veux pas que mes hôtes aient l'impression que la faim, seule la faim, m'obligera à vider mon assiette. Préciosité de riche, sans doute, mais je trouve que cette expression nous renvoie à ce qu'il y a d'organique en nous. Quand on me souhaite un *bon appétit*, je pense à mon estomac prêt à sécréter ses acides, au foie qui aspergera de bile le bol alimentaire, à l'intestin qui fera cheminer la nourriture. *Bon appétit* s'adresse à mon système digestif. J'aimerais mieux qu'on fasse appel à mon discernement de gastronome.

Sans doute ne suis-je pas le seul à trouver la formule *bon appétit* triviale puisque le personnel des bons établissements ne l'emploie plus. On entend à la place, dans son petit envol froufroutant, un « Bonne dégustation ! » qui m'exaspère encore plus !

On pose sur votre assiette une fricassée de pigeon au citron confit : « Bonne dégustation ! » Passe encore. Un tartare de bœuf : « Bonne dégustation ! » On vous sert un verre de vin : « Bonne dégustation ! » Le mouvement s'amplifie. Dans un bistrot de Trouville, l'autre jour, un garçon de café m'a servi un sandwich aux rillettes en me souhaitant une *bonne dégustation*. Le café est arrivé ensuite : « Bonne dégustation ! »

Je trouve le *bonne dégustation* à la fois prétentieux et obséquieux (on qualifie d'*obséquieuses* les marques de politesse excessives). Je préférerais qu'on ne m'intime aucun ordre, qu'on ne me donne aucune consigne et qu'on laisse s'exprimer ce qu'on a mis dans mon assiette. Serait-ce pour pallier la défaillance des mets qu'on exige si souvent du consommateur une *bonne dégustation* ?

Boucle (être dans la)

« Pour que l'information circule, mettez tout le monde *dans la boucle* ! » demande ce chef d'entreprise à ses collaborateurs. « N'oubliez pas le DRH, forwardez-lui tous les emails pour qu'il soit *dans la boucle.* » Traduisez : « N'omettez pas le directeur des relations humaines, et transférez-lui tous les courriels pour qu'il soit informé. »

La *boucle*, c'est un travail, une opération en cours. Il importe donc, si l'on ne veut pas être largué, d'être *dans la boucle. Dans la boucle*, ressassé jusqu'à l'indigestion, constitue une nouvelle contribution du monde de l'entreprise à l'abâtardissement de la langue.

Cibler

Les mouvements de mode sont inexplicables. Le verbe *viser* vise juste. Il dit bien ce qu'il veut dire :

« Diriger son regard ou une arme vers quelqu'un pour l'atteindre. » Rien n'explique donc la perte de faveur de *viser* au profit de *cibler*. *Cibler* est absent de la plupart des dictionnaires, et seul l'usage lui vaut de figurer au Larousse, principalement dans une acception figurée : « Définir la cible d'un produit à vendre, l'objectif, le but à atteindre : *viser* un public par une action publicitaire. »

Plaçons *cibler* au centre de la cible des objectifs à abattre, visons-le et ne le manquons pas !

Clash, clasher

« Bernard Tapie clashe Lionel Jospin ! » écrit *lepost.fr*, émanation du journal *Le Monde* sur le web.

Clasher est si neuf qu'il ne bénéficie pas encore d'une définition dans les dictionnaires français. Le mot débarque d'outre-Manche et signifie « s'entre-choquer », « se heurter ». Un *clash* est donc un heurt violent entre deux personnes, deux équipes de foot ou deux véhicules. Dans mon Sud-Est, on préfére-rait *castagne* ou *baston* à *clash*, *se bagarrer* à *clasher*.

Je pense qu'on aurait bien raison.

Décrocher l'or

On ne monte plus sur la plus haute marche du podium, on ne remporte pas une compétition, on n'obtient pas une médaille : désormais on *décroche l'or*. On peut aussi *décrocher* l'argent ou le bronze : c'est la condition nécessaire pour *signer un podium*.

À la charcuterie de la rue de la République, à Vire, on décrochera un jour, à défaut d'or, ceux qui n'emploient que des phrases toutes faites !

Décrypter

Les mots et locutions à la mode visent généralement à faire passer celui qui parle pour supérieurement intelligent. C'est ainsi que, depuis peu, cet être exceptionnel n'analyse pas un phénomène, ne décode pas un message, n'étudie pas une situation : il les *dé-cryp-te*. Le verbe *décrypter* vient du grec ancien *kryptein*, qui désigne ce qui est caché. On comprend pourquoi le mot *crypte* est parent de *décrypter* : la *crypte* ne se voit pas, elle est cachée sous le sol. Le *décrypteur* révèle donc ce qui est caché au commun des mortels. Pour les médias, quelle aubaine ! Dites « décrypter » et vous passez pour un grand initié !

Résultat, aucun journal ne se prive d'une rubrique *Décryptage*. La télévision nous propose de *décrypter* le monde pour nous. On *décrypte* la relation du prince Albert de Monaco avec son épouse Charlene. Et dans telle émission de cuisine, un de mes confrères entreprend cette semaine de *décrypter* le pot-au-feu !

Échanger

« Avec nos partenaires chinois, nous avons bien *échangé* sur Internet, dit un chef d'entreprise. » « J'ai prévu d'*échanger* avec les syndicats pour trouver une solution à la crise », indique le maire d'une grande ville dont les éboueurs sont en grève. « Les deux chefs d'État ont bien *échangé* », nous annonce une gazette.

Qu'on échange des points de vue, des opinions, des impressions, n'a rien de troublant. Cependant, le mauvais usage dicté par la mode veut qu'on *échange* tout court, ce qui revient à éliminer du vocabulaire le verbe *dialoguer*. Quelle sottise. Il serait si simple de dire qu'on a *discuté*, qu'on a *dialogué* avec ses partenaires, avec les syndicats ou avec le directeur des ressources humaines.

On constate, une fois de plus, que c'est souvent le monde de l'entreprise qui inspire les mauvais usages de la langue… *La fille du marketing a échangé avec le type du packaging.* Échangé quoi ? Des trombones, des recettes de cuisine ? Contre quoi ? On ne le saura jamais. En d'autres temps, on échangeait des idées, voire des baisers. Eux ont seulement *échangé*.

Il faut toujours prévoir le pire. Un bon échange est le signe que vous *relationnez* bien avec votre interlocuteur. Du verbe *relationner* : avoir de bonnes relations avec quelqu'un. Faut-il en rire ou en pleurer ?

J'opte pour la première option. Et bien sûr, le verbe *relationner* n'existe pas, sinon dans le cortex des imbéciles.

En capacité de

Les mots de la politique visent à donner de l'importance à ceux qui les emploient. Sans doute nos gouvernants les mesurent-ils à leur longueur. Sinon, pourquoi congédieraient-ils désormais le verbe *pouvoir*, qui a fait ses preuves depuis que la langue française existe, au profit du pesant *en capacité de* ? Il devient banal d'entendre : « Si je suis *en capacité* de l'emporter, je me présenterai à l'élection », « La France doit être *en capacité* de peser sur les choix européens », ou « Ce chômeur est *en capacité* d'être employé ».

Dans le même registre, j'ai entendu à la radio suisse ce surprenant : « La *possibilité de pouvoir* enregistrer... »

Je rêve d'un monde où les hommes politiques seraient *en capacité de pouvoir avoir la possibilité* de mieux s'exprimer. Ils seraient alors *en capacité* de parler une langue plus pure, dans laquelle ils diraient, tout simplement : « Je peux. »

En lien avec

Un candidat à « Questions pour un champion » m'explique que sa présence sur le plateau est *en*

188

lien avec son amour du jeu. Je lis dans un journal que la pauvreté de l'Afrique est *en lien avec* la richesse de l'Occident. J'entends dire à la radio que l'abandon des animaux domestiques est *en lien avec* les départs en vacances. Quelle est la supériorité de ce *en lien avec* sur *en relation avec* ? Pourquoi faut-il dire qu'une chose est *en lien avec* une autre, plutôt de dire qu'elle en résulte ou qu'elle en dépend ? Que celui qui peut me l'expliquer se mette *en lien* avec moi !

Faire bouger les lignes

Autrefois, on secouait le cocotier, aujourd'hui, on *fait bouger les lignes*. Le sens est le même : changer les choses, agir, apporter du sang neuf, lutter contre l'immobilisme.

Il semble que François Mitterrand ait emprunté cette formule, en la modifiant, à Baudelaire. Celui-ci prête à la beauté, dans *Les Fleurs du mal*, les propos suivants :

> *Je trône dans l'azur comme un sphinx incompris ;*
> *J'unis un cœur de neige à la blancheur des cygnes ;*
> *Je hais le mouvement qui déplace les lignes,*
> *Et jamais je ne pleure et jamais je ne ris.*

L'expression *faire bouger les lignes* désigna sans doute aussi, jadis, les lignes des frontières, ou celles du front. Personne n'a *fait bouger la ligne* Maginot, il a suffi de la contourner. Désormais, c'est dans la bataille politique ou sportive qu'on *fait bouger les lignes*. Le président de la République, ou l'entraîneur de l'équipe de France *font bouger les lignes* : à l'Assemblée nationale ou au Stade de France, la situation ne sera plus ce qu'elle était. En effet, *faire bouger les lignes* évoque une volonté inflexible, un élan guerrier, un courage de révolutionnaire.

L'abus de cette expression me fait penser qu'à trop bouger les lignes, on passe les bornes...

Feuille de route

En avril 2003, les Nations unies, l'Union européenne, les États-Unis et la Russie employèrent le mot *roadmap* pour désigner leur plan de paix pour le Proche-Orient (en Amérique, et ce devrait être en Amérique *seulement*, on dit : le *Moyen-Orient*). *Roadmap*, en l'occurrence, faisait allusion à un cheminement jalonné de négociations et de concessions réciproques pour parvenir à un meilleur équilibre dans ces régions. Le mot fut bizarrement traduit par *feuille de route* qui désigne normalement, en français, le document par lequel une autorité militaire supérieure ordonne à une unité de se mettre en marche.

Depuis, pour les médias, tout est *feuille de route*. Le gouvernement prépare sa *feuille de route* pour la nouvelle politique d'indemnisation du chômage, le directeur du ballet de Cucugnan établit sa *feuille de route* pour le recrutement des petits rats, la ménagère rédige sa *feuille de route* pour une bonne stratégie d'achats (comprenez la liste des courses au supermarché).

Grenelle (nom masculin : un Grenelle)

Les 25 et 26 mai 1968, en pleine insurrection, les représentants du gouvernement, des syndicats et des organisations patronales se réunirent au ministère du Travail, rue de Grenelle. Ils discutèrent des conditions générales du travail en France et aboutirent, le lendemain, à un accord dont chacun se glorifia… sans le signer.

Depuis, « Grenelle » est devenu un nom commun emphatique et hyperbolique (voir ces mots dans le dictionnaire !). Il désigne une négociation si complète qu'aucun terme disponible ne peut en exprimer l'ampleur. Discussions, pourparlers, débats, tractation, colloque, conférence : aucune de ces petites causeries ne vaut un bon, un gros « Grenelle ». Le mot *Grenelle* en impose, *Grenelle* est historique, *Grenelle* valorise celui qui l'emploie. Il ne faut donc pas s'étonner que ministres et sous-ministres, journalistes et chroniqueurs s'en gargarisent…

Croyez-vous que le gouvernement organiserait un colloque sur l'environnement ? Non, il met en scène un *Grenelle*. « Il nous faut un *Grenelle* de l'emploi ! », réclame un sénateur. « Un *Grenelle* de la pêche au thon est indispensable », enchérit un écologiste. Bientôt, croyez-moi, le *Grenelle* du cassoulet instituera une paix durable entre Toulouse, Carcassonne et Castelnaudary !

Roselyne Bachelot a bien compris l'abus du mot *Grenelle*, elle qui s'exaspéra en mai 2009, nous dit *Le Canard enchaîné*, de la manière suivante : « Qu'est-ce que j'en ai marre de ces *Grenelle* qui ne servent à rien ! On devrait plutôt faire un *Grenelle* du cul ! »

Insupporter

Ce mot à la mode est si laid… Je me suis longtemps demandé s'il était correct. Il l'est, hélas. Cependant, j'aime mieux dire que je ne supporte pas les choux de Bruxelles plutôt qu'admettre qu'ils m'*insupportent*.

Je

Il fut une époque, il n'y a pas si longtemps, où chacun ponctuait ses propos de « J'veux dire » ou de « Vous voyez c'que j'veux dire ? ». Rappelez-vous :

« La faim dans le monde, c'est un scandale, j'veux dire ! » ou « Deux et deux font quatre, vous voyez c'que j'veux dire ? »...

Ces fleurs se sont fanées. On dit maintenant, à tout bout de champ : « J'ai envie de dire », « Je dirais... » ou « Comment dirais-je... ».

À quoi servent ces formules ? À pas grand-chose, ce qui n'est pas grave. Après tout, nous ponctuons nos conversations de mots parasites qui n'interviennent que pour combler des vides ou produire un rythme : *hein, absolument, bon sang, tout à fait, qu'est-ce que je voulais dire, voilà, mon Dieu, ma foi, alors, bon, quoi, heu...* C'est ce que les physiciens appellent des « bruits » : tout ce qui altère la qualité d'un message. Des scintillements qui ne signalent sur l'écran d'un radar aucun navire ennemi, aucune baleine, aucun objet réel sont des « bruits ». Une phrase telle que « Bon, alors, euh, ce match, hein, on va le gagner, quoi ! » comporte plus de bruits que de données utiles à la compréhension. C'est pourquoi je n'attache pas trop d'importance à ces *J'ai envie de dire*, dont la supériorité par rapport au silence est évidemment contestable.

La nouvelle tendance inclut des locutions parasites qui, toutes, insistent sur le fait que notre interlocuteur se place au centre du monde. N'avez-vous pas eu les oreilles agacées par tant de « Je fais partie de ceux qui pensent que... » ou de « J'ai le sentiment que…»? Celui qui met ainsi en scène sa propre pensée ne se prend pas pour un imbécile. Nous, nous nous contentons de dire que «le train arrive à deux heures». Lui «fait partie de ceux qui pensent que les trains arrivent à l'heure». Sa certitude nous écrase. Il y a donc un groupe, peut-être une multitude, en tout cas une élite, qui pense comme lui, puisqu'il «fait partie de ceux qui…», alors que nous ne faisons partie de rien. Nous nous contentons de penser qu'il fait beau aujourd'hui. Lui «a le sentiment qu'il fait beau aujourd'hui». Comment lutter contre un avis qui reflète un tel degré d'introspection? L'homme s'est plongé dans les tréfonds de ses émotions; de cet océan de sentiments, il a tiré la conclusion qu'il faisait beau.

Parfois, j'ai vraiment le sentiment que certains se donnent trop d'importance!

Opus

Pour les musiciens, *opus* est le mot savant, directement venu du latin, qui signifie «œuvre».

Les catalogues d'œuvres de grands musiciens comportent la mention *op.* (abréviation d'*opus*), suivie d'un numéro. Celui des œuvres de Mozart, par exemple, a été établi par Ludwig von Köchel. La *Petite Musique de nuit* est donc connue des spécialistes sous le code *Köchel opus 525*. Dans la classification des œuvres de Beethoven établie par ses éditeurs, la Cinquième Symphonie est l'*opus* 67.

À la fin des années 1990, des journaux tels que *Libération* ou *Télérama* s'avisèrent de systématiser l'usage du mot *opus* qu'on n'avait jamais entendu, jusqu'alors, que dans la bouche ou sous la plume des lettrés. On commença à parler du dernier *opus* de Mylène Farmer ou de Michael Jackson plutôt que de leur album (ou, ce qui serait préférable, de leur *disque*), du nouvel *opus* d'un cinéaste plutôt que de son film. Les *opus* des écrivains ou des auteurs de bandes dessinées sont « dans les bacs ».

Ainsi les mots reviennent-ils, comme une source résurgente, quand ceux qui les écrivent veulent ennoblir ce dont ils parlent et se donner des airs plus élégants.

Je m'attends à ce qu'un journaliste sportif, évoquant un match de football, vienne bientôt me parler, à propos d'un but marqué « en pleine lucarne », d'un *opus* admirable.

Partager

« Le rideau est coincé, dit l'animatrice d'une émission de décoration. C'est quelque chose que vous *partagez* ? », « Ça, je le *partage* ! » s'exclame un homme politique à propos du discours d'un ministre. « L'acteur principal de ce film a critiqué son propre metteur en scène. Vous le *partagez* ? », demande l'animateur d'un débat télévisé à son invité.

Il me semble qu'on partage une opinion, des idées ou un gâteau, mais pas *ça*, ni *le*, ni le fait que les rideaux sont coincés. Pourtant, le verbe *partager* se met à toutes les sauces, comme si la générosité qu'il implique grandissait son utilisateur... Dans les trois exemples ci-dessus, *Vous ne trouvez pas ? Je suis de cet avis !* et *Êtes-vous d'accord avec lui ?* seraient nettement plus clairs.

Perdurer

Perdurer veut dire qui dure longtemps, qui se perpétue. L'*Homo sapiens* a *perduré* dans une savane hostile, parce qu'il s'est tenu debout, ce qui lui conférait un avantage évolutif déterminant. On parle ici d'un processus qui *perdure*, sur de nombreuses générations d'*Homo sapiens*.

Les *sapiens* d'aujourd'hui trouvent *perdurer* plus chic que *durer* et croient les deux mots interchangeables. Un embouteillage *perdure*. Une attente devant l'arrêt de bus *perdure*. Le succès d'une vedette de la téléréalité *perdure*... pendant des semaines. Il suffirait que tout cela dure, tout simplement. L'avantage de *perdurer* tient peut-être de sa syllabe en plus. Elle le rend plus seyant, sans doute, à ceux qui confondent la lourdeur des mots avec le poids de la pensée.

Pointer

Pointer bénéficie d'un vent favorable, qui tournera bientôt. En attendant, au lieu de *souligner*, *noter*, *signaler*, *relever*, *montrer*... on *pointe*. « La Cour de justice européenne *pointe* l'illégalité des gardes à vue *à la française*. » « Le CSA *pointe* un manquement aux obligations de signalisation des programmes déconseillés aux jeunes spectateurs. » « L'opposition *pointe* les mensonges de la majorité. »

Faut-il *pointer* le manque d'imagination de ceux qui n'ont que le verbe *pointer* à la bouche ?

Porter

J'entends dire que Ségolène Royal *portera* sa propre motion au congrès du parti socialiste. Le chef de l'État explique qu'il *porte* des valeurs de solidarité. Un homme politique d'extrême gauche s'exclame : « La détresse du peuple, sa révolte, c'est ça que je *porte* ! » *Libération* écrit qu'en Bolivie, la Constitution *portée* par Evo Morales a été approuvée.

Ces derniers temps, le monde politique compte beaucoup de gros porteurs.

Le verbe *porter* a d'abord été pris dans le sens de *soutenir*, au début du XIXe siècle, par les partis de gauche, qui disaient *porter* des revendications, des valeurs, des idées, un programme. Cet abus de langage fut ensuite adopté par toute la classe politique.

On pourrait aussi bien *défendre* un programme, *soutenir* des idées, *incarner* une idéologie, mais je suppose que, pour ceux qui nous gouvernent, l'action de *porter* évoque de plus nobles images : celle du porteur de la flamme olympique, d'Atlas portant le monde sur ses épaules, ou celle d'une allégorie portant le flambeau de la liberté. Pour ma part, chaque fois que j'entends un politicien dire *porter*, je m'attends à ce que ce soient les mots *mocassins*, *valise* ou *moustache* qui suivent.

Pour le coup

Je me surprends parfois à répéter cette locution qui remplace si souvent, sans bénéfice particulier, les classiques *donc*, *en conséquence* ou *alors*. Les mauvais usages sont comme une chanson entêtante : on se met à la fredonner, presque contre son gré.

Pronostic vital

J'espère mourir, le plus tard possible, sur un plateau de télévision ou sur la scène d'une salle de spectacle. Non que je me prenne pour Molière, mais il me semble que chacun devrait avoir le droit de mourir pour ce qui a enrichi sa vie. Le public illumine la mienne. J'aimerais passer mes derniers instants près de lui.

Au moment où je m'effondrerai, un imbécile trouvera le moyen de dire : « Le pronostic vital de Julien Lepers est engagé. » J'entrouvrirai alors les yeux et, dans mon dernier souffle, je trouverai la force de lui répondre : « Dites simplement que je meurs. »

Autrefois, on disait d'une personne à l'article de la mort (du latin *in articulo mortis*, qui veut dire « au moment de la mort ») qu'elle était *en danger de mort*, qu'elle ne *passerait pas la nuit* ou qu'elle était *mourante*.

L'époque moderne ne veut plus voir la mort en face. Alors, les précieux disent « le pronostic vital est engagé », expression qu'ils croient empruntée au lexique médical. J'aimais mieux qu'on fasse un pied de nez à la mort en la traitant par la dérision comme en ces temps où, au lieu de l'aseptiser en utilisant le vocabulaire hospitalier, on disait : *il va casser sa pipe*, il risque de *calancher*, de *clamser*, de *claboter*, de *caner*, ou de *passer l'arme à gauche*. J'admets, dans mon cas, qu'on remplace *arme* par *micro*, mais, de grâce, oubliez mon *pronostic vital* !

Rétropédalage

On ne change plus d'avis, on ne revient plus en arrière, on *rétropédale*. Tel ministre, qui avait annoncé une mesure stupide, *rétropédale* pour faire croire qu'on l'a mal compris. Les grimpeurs du Tour de France, eux, évitent de *rétropédaler*, surtout quand ils attaquent le Galibier.

Revenir vers…

J'avais pris l'habitude que l'administration « suive mes dossiers », que le service qui planifie les enregistrements de mon émission « réponde à mes demandes », que la secrétaire de mon dentiste « me rappelle » pour proposer un rendez-vous à ma fille.

Tout ça, c'est le passé. Aujourd'hui, les uns et les autres promettent de *revenir vers moi* : « Nous vérifions vos formulaires et nous *revenons vers vous*, monsieur », « Je note vos dates de disponibilité et je *reviens vers vous*, Julien », « Le docteur M. est en vacances, je vais devoir *revenir vers vous* ».

Tous ces gens qui *reviennent vers moi* me donnent l'impression d'une foule qui va m'assaillir. Tout compte fait, j'aimais mieux le temps où ils se contentaient de s'occuper de moi sans me faire trop attendre.

Stigmatiser

Les bras m'en tombent. À la radio, ce matin, une auditrice trouve excessif l'ostracisme diététique envers les steaks hachés servis dans les établissements de restauration rapide. « Il ne faut pas *stigmatiser* les hamburgers ! » se lamente-t-elle.

Stigmatiser consiste à marquer quelqu'un d'un *stigmate*, c'est-à-dire d'une trace permanente laissée sur la peau et dans la chair par un fer rouge, un couteau ou un stylet. Dans la Rome antique, on marquait d'un *stigmate* le bras d'un soldat ou l'épaule d'un esclave. On dit que les supplices infligés au Christ laissèrent sur son corps des *stigmates*.

Le mot est noble, il se réfère à des notions graves, voire sacrées : l'esclavage, la torture, la religion. Quel besoin avons-nous donc de le mêler au taux de lipides des hamburgers ? On *stigmatise* aussi, par la parole, telle ou telle communauté. Les Roms, les musulmans, les homosexuels ou les garagistes, les cyclistes dopés et les chiens qui mordent. Une émission de télévision, le « Top 50 », donna jadis le classement des meilleures ventes de disques. Je prends le pari qu'au palmarès des ritournelles faciles, *stigmatiser* se placerait d'emblée dans le top 10 !

Je ne stigmatise pas le mot *stigmatiser* pour le plaisir : il n'est pas incorrect. Cependant, la plupart du temps, nous pourrions aussi *jeter le blâme sur*, *ostraciser* ou *désigner à la vindicte publique*. Les mots sont comme les hors-d'œuvre : je les aime variés.

Tacler

Emprunté au vocabulaire du foot, voici venir le verbe *tacler*. Le dictionnaire Larousse en donne la définition suivante : « Tacler : faire un tacle. Au football, action de bloquer, avec le pied, l'action de l'adversaire et, plus spécialement, glissade (tacle glissé) – un ou deux pieds en avant – destinée à le déposséder du ballon. »

Comment ce mot a-t-il pu glisser si aisément du vocabulaire sportif à celui de la vie politique ? Martine Aubry tacle Ségolène Royal, qui elle-même tacle Nicolas Sarkozy. On a ironisé sur la politique comme continuation de la guerre par d'autres moyens, la voici transformée en troisième mi-temps d'un match de football ! L'art d'administrer la cité se dévalue peu à peu. Ce fut une noblesse, c'est aujourd'hui un combat dans la boue des stades.

Dans les médias, *tacler* s'emploie, à tort et à travers, avec la connotation de punir, laquelle donne une supériorité usurpée à celui qui *tacle* sur celui qui est *taclé*. Quand un journaliste écrit : « Le président, qui avait dit qu'il fait jour à midi, a été *taclé* par le chef de l'opposition », il entend que le chef de l'opposition a raison et qu'il a, d'un tacle bien maîtrisé, renvoyé l'hurluberlu dans ses buts.

Trancher

« Le gouvernement a *tranché* : il ne relèvera pas la TVA dans la restauration. » « Le jury a *tranché*, c'est Sabine qui participera à la finale. » « Entre ce boudin-ci et celui-là, Jean-Pierre Coffe a *tranché*. »

L'abus de *trancher* tranche en tout cas le cou de *décider, choisir, se prononcer, arrêter une décision* et de tant d'autres verbes tout aussi tranchants.

RINGARD DE CHEZ RINGARD
OU
LES MOTS PASSÉS DE MODE

Les mots à la mode ne nous envahissent jamais longtemps, puisqu'ils ont la bonne grâce de se démoder. Cela nous évite un ridicule durable. Cependant, il arrive que leurs vestiges s'incrustent dans notre esprit, comme une tache grasse sur une cravate de soie.

C'est ainsi que j'ai qualifié de *ringard de chez ringard* un journaliste qui m'avait fait un mauvais procès : il jugeait trop populaires – comme si c'était une insulte – les programmes auxquels je participe et dont je m'honore, précisément, qu'ils touchent le plus grand monde et qu'ils respectent leurs spectateurs.

En disant *ringard de chez ringard*, même si c'était sur le mode ironique, je suis conscient d'avoir employé une expression passée de mode. Ces effets de langage dictés par l'air du temps, mieux vaut les laisser de côté, sans quoi on les retrouve, quelque temps plus tard, en passagers clandestins de notre vocabulaire.

L'adjectif *grave*, par exemple, utilisé comme adverbe signifiant *beaucoup*, désigne les vieux jeunes, ceux qui avaient quinze ans au début du siècle et qui, au lieu de dire qu'ils « aiment beaucoup », proclament qu'ils *kiffent grave*, ou qu'ils « ont fait une promenade romantique *grave* ». Des dictionnaires peu regardants ont estimé que cet usage de *grave* justifiait son entrée dans leurs pages.

Énorme, pour dire *extraordinaire*, d'abord employé dans les banlieues, a été popularisé par un film de Claude Lelouch. Il connaîtra le même sort que *grave* et stigmatisera (voir ce mot plus haut) ceux qui ont oublié d'évoluer.

Ne parlons que pour mémoire, puisqu'il s'agit de souvenirs déjà délavés, de *c'est pas évident*, *ça va le faire*, *se la jouer*, *à la limite*, *à la base*, *basique*, *au travers de* ou *c'est que du bonheur*. La mer monte, qui ruine et efface sur le sable ces expressions ainsi qu'elles le méritent.

LA CITÉ PHOCÉENNE
OU
CLIC-CLAC, LE GRAND ALBUM
DES CLICHÉS

Philippe V. exerce le métier de professeur de français à Dakar. Il est membre de l'admirable Fédération internationale des professeurs de français. Dans une lettre bien tournée, ce correspondant me reproche d'avoir, dans le but louable de ne pas répéter le mot *Marseille*, parlé de la *cité phocéenne*. Lisant cela, je suppose que je dois me sentir fautif, comme l'élève qui ne comprend pas pourquoi on le blâme mais incline néanmoins la tête vers son pupitre. Ce sont quand même bien des marins grecs, venus de l'ancienne Phocée, qui ont créé Marseille six siècles avant notre ère ! *Cité phocéenne* est donc correct.

Philippe V. précise sa pensée : « Une répétition, écrit-il, vaut mieux qu'un cliché. »

Si nous succombons si facilement à la tentation d'utiliser des clichés, c'est parce qu'ils nous rassurent. Ils sont des *lieux communs*, dans tous les sens du terme : des formules trop usitées, mais aussi un territoire que nous fréquentons tous et que nous nous partageons. Les clichés marquent ce que nous avons en commun : un socle culturel, des mots qui sortent parfois de notre bouche sans que nous y pensions. Cet automatisme, comme notre carte d'identité ou notre passeport, c'est aussi ce qui nous rend français. Si je dis qu'il fait « un temps de... ou que j'ai « une fièvre de... », vous compléterez automatiquement par *chien* et *cheval*. C'est la preuve que nous partageons une culture, et les petites défectuosités de cette culture, en l'occurrence les idées toutes faites et les automatismes de langage.

Il faut cependant admettre que nous — je veux dire les médias — faisons des clichés un usage immodéré. Je vous propose à présent de feuilleter mon album de clichés...

Une affaire à suivre
La balle est dans leur camp
La cour des grands
Revoir sa copie
Ne pas connaître la crise
La marque au losange (Renault)

La firme à la pomme (Apple)
La firme de Redmond (Microsoft)
La marque aux chevrons (Citroën)
Un pavé dans la mare
Le locataire de l'Élysée
Le maître du Kremlin
La grande boucle
Notre rocker national (Johnny Hallyday)
Le vent en poupe
Calmer le jeu
La partie émergée de l'iceberg
L'ironie de l'histoire
Caracoler en tête
S'enfoncer dans la crise
Dans tous ses états (précédé du mot de votre choix : *l'or dans tous ses états, le banlieusard dans tous ses états, la mandoline dans tous ses états*, etc.)
Le risque zéro n'existe pas
Attendu au tournant
À qui profite le crime ?
Le cœur sur la main
Son sang ne fit qu'un tour
La cerise sur le gâteau
Des yeux de biche
Une question brûlante
Un pétard mouillé

Offrons une mention particulière à *se réduire comme une peau de chagrin*. La plupart d'entre nous imaginent que cette expression véhicule une notion de peine, de tristesse. En réalité, le chagrin dont il est ici question est un cuir de cheval, d'âne ou de mulet. Dans le roman de Balzac *La Peau de chagrin*, un jeune poète fait l'acquisition d'une peau de chagrin magique, dont la possession lui permettra de voir ses vœux exaucés. Cependant, ce morceau de cuir se réduira au fur et à mesure qu'il en épuisera les vertus miraculeuses.

Se réduire comme une peau de chagrin échappe à la règle générale selon laquelle un cliché doit se comprendre aisément. Certains l'entendent si mal qu'ils disent désormais *se réduire à peau de chagrin*, ce qui n'a aucun sens.

Bien des clichés visent à éviter la répétition d'une indication géographique. Nous obtenons ainsi…

L'Hexagone (la France)
Les quatre coins de l'Hexagone (l'hexagone comporte six angles, mais le cliché le racornit : il n'en a plus que quatre ! Drôle de géométrie…)
La botte (l'Italie)
L'empire du Milieu (la Chine)
La perfide Albion (l'Angleterre)
Le pays du Soleil-Levant (le Japon)

Chacun peut bricoler ses propres clichés, en amarrant n'importe quelle notion à un titre de film ou de livre devenus classiques. Le plus fécond de ces titres demeure *Chronique d'une mort annoncée*, devenu, sous la plume de journalistes en mal d'imagination, *Chronique d'une crise financière annoncée*, *Chronique d'un scandale sexuel annoncé*, *Chronique d'une défaite électorale annoncée*, bref, *Chronique de tout et de n'importe quoi*.

L'Année de tous les dangers a, lui aussi, fourni son lot de titres et intertitres. *La semaine de tous les embouteillages*, *Le gratte-ciel de tous les records*, *Le concert de toutes les émotions*. Et n'oublions pas *Qui a peur de Virginia Woolf ?* dont le plumitif tire *Qui a peur de Marine Le Pen ? Qui a peur des banques ? Qui a peur de la bouillabaisse ?* etc.

L'un des clichés qui m'irritent le plus est *en mode*. Un producteur me dit : « Je suis *en mode* réflexion pour proposer de nouveaux projets à la direction. » Une assistante au sourire éclatant proclame : « Je suis *en mode* vacances ! » Et moi, je me sens *en mode* exaspération. Cette locution trouve son origine dans le vocabulaire informatique. Pour franchir la frontière longtemps imperméable entre les ordinateurs

Apple et les PC (*Personal Computer*), on inventa des systèmes permettant, sur chacune de ces machines, de passer sur l'OS (*Operating System*, système de fonctionnement) de l'autre. On passait du *mode* PC au *mode* Mac (Apple) ou du *mode* Mac au *mode* PC. Peu à peu, *en mode*, appliqué à des occupations ou à des états d'âme, devint un cliché, lequel cumule les désagréments du langage jeune, du jargon pseudo-informatique et de la ringardise.

LE TOP 10 DES CLICHÉS
—— **LES PLUS RÉPANDUS DANS LA PRESSE** ——

Yann Guégan, bon analyste de la langue française, a classé dans son blog, grâce à un détecteur informatique, les clichés les plus fréquents dans les médias français. Voici le top 10 qui en est sorti.

10 - La partie émergée de l'iceberg

9 - Ne pas connaître la crise

8 - La balle est dans leur camp

7 - L'ironie de l'histoire

6 - Revoir sa copie

5 - Attendu au tournant

4 - Caracoler en tête

3 - Un pavé dans la mare

2 - Le vent en poupe

1 - La cerise sur le gâteau

M'SIEUR, ELLE M'A TRAITÉ !
OU
LES ERREMENTS DU LANGAGE « JEUNE »

Il arrive que la langue évolue plus vite que nous.

Un léger vertige me saisit quand j'entends mon fils me dire avant de partir en vacances avec ses copains : « T'en fais pas, je te 06 très vite ! »

06, comme le préfixe des numéros de lignes mobiles. « Je te 06 » : « Je t'appelle ». Qui l'eût cru ?

Les opérateurs de téléphonie mobile ont récemment lancé un préfixe 07, qui s'ajoute au 06.

06 et *07* sont donc synonymes.

La créativité des jeunes me réjouit. Ils renouvellent, enrichissent, pimentent la langue. Leurs inventions me surprennent. Leur ingéniosité m'émerveille. Des amis de mon fils disent *camérer* pour *filmer*, *chuter* pour *se taire* (de l'interjection *chut !*), *tétaquer* pour *faire un tête-à-queue*, un *tiche* pour un *tee-shirt*. Ils abrègent *problème* en *blême* (ce qui n'est pas nouveau) et disent *c'est tel* pour *c'est mortel*. Je précise à l'intention de ceux qui n'ont pas d'adolescent à la maison que *C'est mortel !* représente l'hyperbole absolue et ne peut désigner que des choses ou des événements extraordinaires : la promesse d'achat d'une moto, des vacances à Ibiza ou un repas chez McDanold's... *C'est mortel* est synonyme de *Ça déchire ta race !* Dans le registre de l'exultation, on peut aussi citer *trop*, utilisé à la place de *très*, ou de *bien. C'est trop cool !* On peut empiler les superlatifs. *C'est trop mortel !* Ce qui *est trop cool* est aussi *de la boulette*, ou *de la balle*.

Mon fils trouve son *daron* et sa *darone* (son *père* et sa *mère*) parfois *trop lourds*. Il arrive même qu'il se sente *vénère* (*énervé*). Tant que la situation ne le *zaraf* (*dégoûte*) pas, nous nous estimons satisfaits. Quel que soit son vocabulaire, je pense qu'*il en a dans le disque dur* (traduisez : *il est intelligent*).

Les jeunes ont inventé le verlan du verlan. Le verlan consiste à inverser les syllabes des mots. *Bizarre* devient *zarbi. Musique, zicmu. Fou, ouf.* Cela ne date pas d'hier. Dans *L'Écho du Pas-de-Calais*, Marie-Pierre Griffon explique : « La première trace de verlan est apparue au... XVIe siècle : *Bonbour* pour *Bourbon*; au XVIIIe, on trouve *Sequinzouil* pour *Louis XV*, et au XIXe, *Lontou* pour désigner le bagne de *Toulon*. À noter que la connotation n'est pas la même selon que le mot est à l'endroit ou à l'envers. *Pourri* est injurieux. *Ripoux* a un aspect rigolo. Beaucoup d'expressions actuelles sont issues de chansons de rap, du cinéma, de l'influence maghrébine, certaines viennent même de notre patois : c'est *crapet* (c'est *sale*!). »

En verlan, *fête* devient *teuf*. *Mère* devient *reumé*. Cependant, selon la bande à laquelle vous appartenez, vous pouvez prononcer *reum*. Car tout est là : il s'agit de se distinguer, c'est-à-dire de se différencier. De ses parents, des jeunes de la cité voisine, des autres générations.

Si nos parents et nos grands-parents connaissaient déjà le verlan, les jeunes de notre siècle l'ont mis à l'envers... Je sais, cela semble absurde et je vous entends vous énerver : « Ce Julien Lepers dit des sottises, puisqu'une chose mise deux fois à l'envers revient à l'endroit ! »

Gardez patience. Quel est la version verlan du mot *femme* ? C'est *meuf*. Mettez *meuf* à l'envers. En langage jeune, vous n'obtenez pas femme, mais *feumeu,* avec une deuxième syllabe où le *e* muet est remplacé par un *eu* qui porte l'accent tonique.

Voici, en vrac, d'autres exemples de la créativité langagière des jeunes. Une fille sans poitrine est un *fax*. Un très beau garçon est un *steak*. Vous direz *je suis cassé* si vous vous sentez fatigué. *J'hallucine* ou *je délire* si vous n'en croyez pas vos yeux ou vos oreilles.

Ne citons que pour mémoire le langage texto ou SMS, destiné à exprimer le maximum de sens en un minimum de signes. Le linguiste Bernard Bouillon en donne quelques exemples :

a12c4 (à un de ces quatre),

ab1to (à bientôt),

PTDR (pété de rire),

tabitou (t'habites où ?),

ti2 (t'es hideux),

l'stomB (laisse tomber),

koi29 (quoi de neuf ?),

raf (rien à faire),

etc.

Je croyais vous convaincre, mais je vous sens encore réticents. En lisant les lignes qui précèdent, vous avez pensé que je m'extasiais à bon compte sur l'imagination d'une bande de gamins décérébrés. Chacun son choix : le mien est celui d'une langue vivante, vibrante, mouvante. À cet instant, j'entends protester les plus rigoureux d'entre vous : « Je croyais avoir acheté un livre sur les fautes de français, pensent-ils, et je me retrouve au cœur d'un chapitre où l'auteur fait l'éloge d'une langue décadente ! »

Rassurez-vous, voici venu le moment où l'auteur change de ton.

*

Il arrive que des groupes d'écoliers viennent assister à l'enregistrement de « Questions pour un champion ». Un jour, l'un d'entre eux désigna une de ses camarades au professeur qui les accompagnait en s'exclamant : « M'sieur, elle m'a traité ! » La gamine se défendit : « M'sieur, c'est lui qui a commencé, il m'a insulté de salope ! »

Le lendemain, je trouvai sur le site d'information *lepost.fr* le gros titre suivant : « Quand Mel Gibson insulte un journaliste de "trou du cul". »

Le langage « jeune » semble avoir brouillé la compréhension des verbes *traiter* et *insulter*. J'absous volontiers ceux qui inventent des mots, les déforment, les font chanter, juste ou faux. En revanche, je peine à me montrer indulgent envers le refus de comprendre le sens des formules que nous employons.

On *traite* quelqu'un *de* quelque chose. Je *traite* *d'*ignares les adolescents qui ne savent pas utiliser le verbe *traiter*. On *insulte* quelqu'un, tout court. En *traitant* un journaliste de « trou du cul », Mel Gibson l'a *insulté.* C'est simple. Après *traiter*, on ajoute une précision. Après *insulter*, on n'ajoute rien.

Indiquons dans le même registre que *taxer* doit être suivi d'un substantif, pas d'un qualificatif, comme c'est le cas pour « traiter de ». Quand un employé des chemins de fer se plaint à la télévision en disant « Je me suis fait *taxer* de fainéant », il fait une faute. Il devrait dire : « Je me suis fait *taxer* de fainéantise. »

VINGT CENTIMES D'EURO
OU
PARLER POUR NE RIEN DIRE

Sophie S. demeure au Havre. Elle m'en veut, et me le fait savoir, d'avoir parlé de *vingt centimes d'euro*. Recevant sa lettre, je m'interroge : ai-je encore bâclé une prononciation, produit un pataquès, glissé sur une liaison ? Je relis la formule *vingt centimes d'euro*. Je la prononce à voix haute. Je n'y vois rien, n'y entends rien de répréhensible. Je poursuis ma lecture. Au fil des lignes, Sophie S. se transforme en maîtresse d'école : « Vous parlez pour ne rien dire, écrit-elle. Pourquoi vous obligez-vous à préciser *d'euro* ? Nous prenez-vous pour des demeurés qui risquent de croire que vous nous parlez de centimes de dollars, de centimes de yen ou de centimes de livres sterling ? Quand on s'adresse, à la télévision

218

française, à des spectateurs francophones, ne peut-on dire centimes, tout simplement ? »

Sophie S. m'a ouvert les yeux et les oreilles. Je suis sûr que beaucoup d'entre nous précisent « centimes d'euro » inconsciemment, parce qu'ils l'ont entendu dire à la radio ou à la télévision, alors que cette précision se révèle, la plupart du temps, totalement inutile.

J'ai déjà mentionné les « bruits » du langage, ces mots qui n'apportent aucun élément utile à nos phrases, mais que nous employons pour établir avec notre interlocuteur une communication au-delà du langage, ou pour combler des silences : *n'est-ce-pas*, *heu*, *alors*, etc. Du moins ne prétendons-nous pas exprimer quoi que ce soit quand nous glissons un *hein !* entre deux autres mots.

Il n'en est pas de même avec des locutions que nous surchargeons de mots tout aussi inutiles, mais dont nous croyons naïvement qu'ils ont un sens.

Pourquoi disons-nous si souvent « Bonjour à vous », « Merci à vous », quand *Bonjour* ou *Merci* suffiraient ? Je pars en vacances avec ma famille. Pourquoi l'agent de voyage me dit-il : « Je vous souhaite un excellent séjour en Thaïlande *à tous les quatre* » ? À qui d'autre ces mots pourraient-ils s'adresser, sinon à ses interlocuteurs ?

219

Il en est de même pour des locutions telles que
« au niveau de » ou « en termes de ». N'est-il pas
plus simple de demander « Que prévoyez-vous *pour*
les rémunérations ? » plutôt que « Que prévoyez-
vous *au niveau* des rémunérations ? »

La société Aéroports de Paris, qui n'en est pas à ça
près, fait répéter dans les haut-parleurs la formule
« Conformément à la loi en vigueur il est interdit
de fumer dans les aérogares ». À quoi peut bien
servir ce *en vigueur* ? Ferait-on cette annonce si la loi
n'était pas *en vigueur* ? Si elle n'était pas votée ? Si
elle était abrogée ? Suggérons à Aéroports de Paris :
« La loi interdit de fumer dans les aérogares. » En
exactement deux fois moins de mots et avec deux
fois plus d'élégance, nous avons dit exactement la
même chose.

En 1975, mon amie Annie Cordy, grande artiste,
merveilleuse aussi bien dans le registre grave que
dans le comique, mit à son répertoire une chanson
intitulée *Frida oum Papa*. Souvenez-vous…

Lala lalala. Je suis Frida oum Papa
Lala lalala. La p'tite gretchen aux gros bras
Lala lalala. C'est moi fraülein oum Papa
Venez donc trinquer avec moi
Frida oum Papa.

J'admets qu'il n'y a pas là de quoi fouetter un prix Nobel, mais je songe à cette chanson chaque fois que j'entends quelqu'un poser une question sur le mode suivant : « Va-t-il faire beau... *ou pas ?* », « Partez-vous en vacances... *ou pas ?* », « Reprendrez-vous un peu de saucisson... *ou pas ?* ». Je dois dire que pour une fois, ces *ou pas* superflus ont une vertu. Ils réveillent en moi le souvenir de Frida *ou*m *Pa*pa avec ses culottes de cuir et ses nattes montées sur ressort. J'aime les plaisirs simples.

4

SAVOIR CE QUE L'ON DIT

À l'école élémentaire de Sorèze, les pères dominicains nous rendaient nos copies rougies de corrections, avant que nos joues, elles, ne rougissent de honte. Je me rappelle leur indulgence pour les fautes d'inattention. Les fautes de grammaire ou de syntaxe leur inspiraient plus de sévérité. Mais que nous ne comprenions pas ce que nous écrivions les rendait fous. Il m'arrivait de revenir à la maison avec un carnet de notes que déshonorait cette mention : cet élève ne comprend pas ce qu'il dit.

Il faudrait rétablir cette échelle de valeurs.

Comme vous le verrez dans les pages qui suivent, il y a de quoi faire !

DES POMMES, DES POIRES
ET AUTRES ORANGES
OU
PARLER SANS COMPRENDRE

Enfant, je regardais mon grand-père peindre. C'était un artiste extraordinaire, un grand maître coloriste. J'ai encore chez moi, posé sur un chevalet, une œuvre qu'il exécuta en ma présence, représentant la fosse d'orchestre du Festspielhaus de Bayreuth, ce théâtre imaginé par Richard Wagner pour qu'on y joue ses propres opéras. Dans cette conque conçue pour que les sons s'enroulent, s'entremêlent et se libèrent, mon grand-père met en scène les musiciens. Il les dispose de sorte qu'ils forment une vague puissante, qu'on croirait voir se soulever et qui nous éclabousse de tous les éclats de *L'Or du Rhin*.

Mon grand-père travaillait dans le silence, mais l'enfant que j'étais aimait à lui poser des questions sur les couleurs qu'il mélangeait, sur les motifs qu'il brossait sur la toile, sur les sujets qui n'émergeaient que peu à peu. Il me regardait alors et me demandait de tourner ma langue sept fois dans ma bouche afin de m'assurer que les mots qui en sortiraient valaient mieux que le silence.

Aujourd'hui, Geoffrey de P., de Quimper, emploie les mêmes termes : « Monsieur Lepers, me dit-il, vous devriez tourner votre langue sept fois dans votre bouche avant de parler. Dans un entretien que vous avez donné à une station de radio, vous avez parlé de pommes, de poires *et autres oranges*. Cette faute est grave. Elle prouve que vous ne comprenez pas ce que vous dites. Les pommes et les poires sont-elles des oranges ? Non, bien sûr. Donc, vous auriez dû dire : des pommes, des poires et autres fruits ! »

Merci, Geoffrey, de m'aider à ouvrir ce chapitre sur la plus grave offense que nos puissions faire à notre langue : employer les mots sans toujours réfléchir à leur sens. Nous sommes tous coupables de semblables erreurs. Certaines expressions nous paraissent si naturelles et jaillissent si spontanément de notre bouche que nous omettons d'en analyser la signification.

Des pommes, des poires *et autres oranges* en est la preuve : comment oublions-nous que « et autres » devrait être suivi de la catégorie à laquelle appartiennent les premiers exemples cités, et non d'un exemple de plus ? J'entends sur Europe 1, lors d'une période d'augmentation du prix du pétrole, qu'il faut « trouver des solutions pour nos pêcheurs, routiers *et autres taxis* », comme si les pêcheurs et routiers étaient des taxis. Faute supplémentaire, le troisième exemple ne devrait pas être *taxis*, mais *chauffeurs de taxis*. Il aurait fallu dire : « nos pêcheurs, routiers, chauffeurs de taxis *et autres professionnels du transport* ». Dans un journal, je lis qu'une grande marque de vêtements « va participer à des projets du Fonds mondial pour l'environnement en vue de préserver les crocodiles, alligators, caïmans *et autres gavials* en péril. Là encore, les alligators et les caïmans ne sont pas des gavials. Il aurait fallu écrire : « les crocodiles, alligators, caïmans, gavials *et autres crocodiliens* », ou « *et autres reptiles* ».

Si j'étais sur un plateau de télévision, pour rendre mieux intelligible ce que je viens d'écrire, je vous dirais :

« Je suis un reptile, crocodilien aux mâchoires longues et étroites, je me nourris de poisson, je vis notamment dans les bassins du Gange, de l'Indus, du Brahmapoutre et de la Mahânadî, je suis, je suis... », et vous répondriez du tac au tac : « Le gavial ! »

*

Voici le triste florilège des mots, des expressions et des phrases que nous employons trop souvent sans en comprendre le sens…

À l'égard/À l'encontre/À l'endroit de/Envers

Au moment où j'écris ces lignes, une organisation internationale tente de sensibiliser le public aux violences qui s'exercent chaque jour « *à l'égard* des femmes.». Je vous ai déjà parlé de mon détecteur de fausses notes. Le voici qui frémit…

Le mot *égard* traduit une notion positive. Un *égard*, c'est une marque de respect, de considération. Les femmes subissent les violences exercées à leur *encontre*, pas à leur *égard*. Certains m'opposeront qu'il s'agit d'une faute de goût plus que d'une faute de français. Je veux bien le leur accorder.

L'erreur se produit parfois en sens inverse. Dans un journal, l'auteur évoque un groupe extrémiste dont les membres sont connus pour « nourrir des sympathies *à l'encontre* d'Al-Qaïda » ! Oui, vous avez bien lu, des « sympathies *à l'encontre* »… Formule dont son auteur n'a sans doute pas compris l'absurdité. Cette fois, c'est *à l'endroit* qu'il aurait fallu écrire : « des sympathies *à l'endroit* d'Al-Qaïda », ou *envers* Al-Quaïda.

Alias

Ah ! qu'il était joli, ce « Arthur H, *alias* Arthur Higelin », entendu sur France Info !

Alias est un adverbe latin qui signifie *autrement* et, par extension, *autrement appelé*. C'est donc Arthur Higelin qui se fait appeler autrement, et non l'inverse ! On aurait dû dire : « Arthur Higelin, *alias* Arthur H ».

Je remarque par ailleurs que la formule anglaise *aka* fait progressivement son apparition dans le vocabulaire « branché ». *Aka* est l'acronyme (abréviation d'un groupe de mots consistant à ne conserver que leur première lettre) de *also known as* : « également connu comme ». Ne devrions-nous pas commencer par utiliser correctement le classique *alias* avant d'aller chercher à l'étranger des formules qu'à leur tour nous utiliserons sans doute de travers ?

À l'insu de son plein gré

Lors du Tour de France 1998 éclate un scandale qui met sous les projecteurs le coureur Richard Virenque. Celui-ci dira d'abord avoir été dopé... « à l'insu de son plein gré », avant d'avouer le dopage, ce qui lui vaudra une suspension sportive d'un an.

À cette époque, la formule *à l'insu de mon plein gré* fait rire la France. Elle ressemble à ces propos qu'on prête au sportif un peu bêta, capable de dire, par exemple : « Je suis bien content d'avoir gagné, mais j'essaierai de faire mieux la prochaine fois. » Sur le moteur de recherche Google, elle fait aujourd'hui l'objet de 195 000 références. Elle est devenue un *leitmotiv* (une phrase, un motif qui reviennent sans cesse dans une œuvre) des Guignols de la chaîne Canal+. Ces derniers font de Richard Virenque le prototype idéal du benêt, qui ne comprend pas plus le monde dans lequel il vit que les paroles qui sortent de sa bouche. Jugez-en plutôt…

Richard Virenque : – *Moi j'ai des dispositions pour le sport de haut niveau depuis ma naissance, depuis que la cigogne, elle a déposé son baluchon dans la cheminée de mes parents.*
PPDA : – *Pardon ?*
Richard Virenque : – *Ben oui, ma naissance, la cigogne, tout ça.*
PPDA : – *Non, Richard, mais c'est pas comme ça que les enfants naissent.*
Richard Virenque : – *Quoi ? On m'aurait menti alors ? Oh là là là là, si ça se trouve, je suis né à l'insu de mon plein gré !*

« À l'insu de son plein gré »… Richard Virenque avait rapproché *à l'insu*, qui veut dire « sans que je le sache », « sans que je m'en rende compte », et *mon plein gré*, qui signifie « volontairement » : en clair, il avait voulu dire qu'il avait été dopé sans le savoir et sans l'avoir accepté. Les deux expressions ne sont pas antagonistes, mais leur télescopage produit un effet inattendu et les rend incompréhensibles.

Richard Virenque nous a fait rire, ce qui lui vaut toute mon indulgence.

En revanche, quand, la semaine dernière, le receveur de mon bureau de poste se trompe à mon détriment en me rendant la monnaie et me dit, d'un air très sérieux : « Pardon, c'était à l'insu de mon plein gré », je me fige. En effet, à son expression déconfite, je comprends qu'il n'y pas le moindre humour, pas la moindre ironie dans l'usage qu'il fait de cette formule. Il pense qu'elle veut simplement dire : « Excusez-moi, je ne l'ai pas fait exprès. » De la même manière, un chômeur se plaint sur Internet, au premier degré, d'avoir été licencié *à l'insu de son plein gré.*

Certaines expressions, comiques à leur naissance, sont ainsi métabolisées par le langage courant, de sorte que nous les croyons correctes et dénuées de malice. On verra plus loin que le même sort advint à *incessamment sous peu* et à *vrai-faux.*

Alternative

Quand je viens à Paris pour enregistrer mes émissions de télévision, je me trouve face à un dilemme (et non un *dilemne*), car j'hésite entre prendre l'avion ou monter dans le train. C'est une *alternative* : soit l'avion, soit le train. L'*alternative* est ainsi faite de deux options. C'est comme le courant électrique. Il n'est *alternatif* que parce qu'il peut aller dans un sens *et* dans l'autre.

Dire qu'en cas de grève de la SNCF, *l'alternative est l'avion* est une faute. Il faut parler d'autre possibilité, d'autre solution. Les deux termes de l'alternative seraient, en réalité, la route *ou* l'avion. Quand un ministre du budget dit : « Il n'y a pas d'autre alternative que la rigueur », il se trompe. L'alternative supposerait deux options, pas une seule.

Aparté/Parenthèse/Incidente/Digression

Lors d'une réunion avec les collaborateurs de Fremantle, la société qui produit « Questions pour un champion », un coordinateur me regarde et annonce : « Je voudrais à présent faire un *aparté*. » Je m'attends alors à ce qu'il se lève et m'entraîne, peut-être avec un ou deux autres interlocuteurs, dans un lieu isolé. En effet, un *aparté* est une bribe de conversation tenue entre quelques personnes qui se séparent d'un groupe afin que celui-ci ne puisse les entendre. Au théâtre, c'est aussi une réplique dans laquelle un comédien prétend se parler à lui-même, tandis que ses partenaires font semblant de ne pas l'entendre.

Alors que je recule ma chaise, l'orateur continue : « Je voudrais faire un *aparté* sur l'accueil du public », et il reste sur place. Je comprends alors qu'il ne s'agit pas pour lui d'un *aparté*, mais d'une *parenthèse* : il veut traiter d'un sujet sans rapport avec le thème principal de la conversation. Par souci de clarté, il ouvre une *parenthèse*, qu'il refermera bientôt pour revenir au sujet principal.

Beaucoup d'entre nous confondent ces notions et ne comprennent pas ce qu'ils disent quand ils prononcent le mot *aparté*. On a le droit de ne pas comprendre le sens d'un mot, mais mieux vaut, dans ce cas, s'abstenir de l'employer.

Les distinctions entre *parenthèse*, *incidente* et *digression* sont plus subtiles.

J'ai déjà décrit comment employer le mot *parenthèse*.

Une *incidente* permet de placer dans un discours principal une considération qui lui est annexe, secondaire. Le sujet principal reste le même. L'incidente est donc proche de la parenthèse.

En revanche, une *digression* peut s'éloigner du sujet principal. En latin, *digressio* veut d'ailleurs dire « je m'éloigne ». Un effort de plus, et nous serons en pleine *divagation*, c'est-à-dire une digression où l'esprit n'est plus tenu à aucune discipline, et qui prend parfois un caractère absurde.

Atteindre la limite d'âge

« Avec la réforme des retraites, la limite d'âge *nous atteindra* plus tard. » Quiconque essaierait de comprendre ce qu'il dit se rendrait compte de la stupidité de cette phrase. La limite d'âge ne bouge pas. Elle ne nous atteint pas. C'est nous qui l'atteignons. « Avec la réforme, je ne suis pas près *d'atteindre* la limite d'âge. »

Bonne chère (faire)

Le mot latin *cara*, emprunté au grec *kara*, devenu *chiere* en vieux français, et ensuite *chère*, désigne le visage. Faire bonne *chiere*, faire bonne *chère* signifie présenter un visage avenant, souriant, à la personne qu'on accueille. Le sens de l'expression s'est élargi : on fait bonne *chère* quand un repas se déguste avec plaisir. « Les gastronomes aiment faire bonne *chère*. » « Le pâté livré par le traiteur était avarié, les invités n'ont pas fait bonne *chère*. »

Peu à peu, *chère* et *chair* se prononçant de la même manière, on a déformé l'expression *faire bonne chère*. Sous la plume de certains, elle est devenue, fautivement, *faire bonne chair*.

Choisir au hasard

Soit on choisit une chose, soit on laisse au hasard le soin de le faire. On ne peut faire les deux à la fois. Chez le marchand de légumes, si je *choisis* mes tomates, cela signifie que je décide d'abord si je souhaite des tomates-cerises, des noires de Crimée, des Alambra, des Marmande ou des cœur-de-bœuf. Puis, je prélève à l'étalage les fruits – oui, la tomate est un fruit –, de belle apparence, mûrs mais fermes, sans tavelures (c'est-à-dire sans taches ni défectuosités de la peau) et d'une belle couleur. J'aime que la cœur-de-bœuf soit d'un carmin profond, que la noire de Crimée (ma préférée) exhibe ce rouge nuancé d'un vert qui tire vers le noir. Bref, je *choisis*. Je ne prends pas *au hasard*.

Quand j'enregistre plusieurs émissions de télévision dans la même journée, j'aime déguster un fruit à chaque pause. Un assistant attentionné en a disposé une corbeille dans ma loge. Je n'ai que quelques minutes pour me changer. La maquilleuse procède à diverses retouches sur mon fond de teint. Je dois répondre à un ou deux appels téléphoniques. Déjà on me rappelle sur le plateau. Avant de sortir, je prends un fruit *au hasard* dans la corbeille. Pas le temps de choisir : je prélève la pomme la plus accessible, sans vérifier son apparence. Je laisse agir le hasard.

Le hasard exclut le choix. Souvenons-nous en avant de dire *choisir au hasard*...

Dédier

Lorsque Charles Baudelaire dédie *Les Fleurs du mal* à Théophile Gautier, il lui rend un hommage vibrant.

> *Au poète impeccable*
> *Au parfait magicien ès lettres françaises*
> *À mon très-cher et très vénéré*
> *Maître et ami*
> *Théophile Gautier*
> *Avec les sentiments*
> *De la plus profonde humilité*
> *Je dédie*
> *Ces fleurs maladives*

De la même manière, Victor Hugo écrit :

> *Je dédie aux dents blanches d'Ève*
> *Tous les pommiers de mon verger.*

Un peuple peut *dédier* un temple ou une église à son ou à ses dieux. Quand un navigateur antique avait fini sa course, nous dit l'écrivain Sainte-Beuve, il tirait le vaisseau sur le rivage et le *dédiait* à la divinité du lieu, à Neptune sauveur.

Dédier, c'est dédicacer, consacrer une chose à quelqu'un, d'une manière solennelle et souvent religieuse.

Les mondes de l'entreprise et de l'informatique, qui ne le comprennent sans doute pas, se sont brutalement emparés du verbe *dédier*, et l'ont confondu avec *assigner*, *affecter*. Ce qui donne : « Nous avons *dédié* une équipe spécifique aux relations avec les clients. » « Il faut *dédier* un disque dur à ce projet. » « As-tu *dédié* des représentants de commerce aux supermarchés du Loir-et-Cher ? »

N'est pas Baudelaire qui veut... Contentons-nous, comme lui, d'utiliser *dédier* dans les grandes occasions que ce verbe mérite.

Éponyme

Depuis trois ou quatre ans, les médias ne cessent d'utiliser le mot – qu'ils ignoraient auparavant – d'*éponyme*. Hélas, ils le confondent la plupart du temps avec *synonyme*. Or, si *synonyme* veut dire « qui signifie la même chose », *éponyme* veut dire « qui a donné son nom à ». Par exemple, Athéna est la déesse *éponyme* de la ville d'Athènes. Madame Bovary est l'héroïne *éponyme* du roman de Flaubert. *Some Girls* est la chanson *éponyme* de l'album des Rolling Stones.

L'Autorité de régulation professionnelle de la publicité, chargée de veiller, entre autres missions, sur le bon usage du français dans la publicité, fait référence au slogan « Le Parisien, mieux vaut l'avoir en journal », *du quotidien éponyme*. Même l'un des gendarmes de la langue utilise donc ce mot de manière absurde !

Être/Ressembler

« Cher Julien, m'écrit Guy P., de Salviac, les illustrations et photos que vous présentez pour montrer ce qu'est l'animal ou la chose que vous avez demandé de trouver, ne *ressemblent* pas à ça, elles *sont* ça. Montrer un castor en disant "Voilà à quoi *ressemble* un castor" est absurde. Il faut dire "Voilà ce *qu'est* un castor". »

Rien à ajouter, mon cher Guy !

Fortuné

Quand les médias veulent désigner un riche, il arrive qu'ils parlent d'une personne *fortunée*. « Les plus *fortunés* devraient payer davantage d'impôts », affirme un syndicaliste. « C'est injuste, dit un chroniqueur, la femme qui a gagné l'Euromillion était déjà *fortunée*. »

Pourtant, le sens premier de *fortuné* n'est pas celui-là.

Alfred de Musset a intitulé un de ses poèmes *Bonne fortune*. Y parle-t-il de gagner une forte somme à la loterie ? D'accumuler assez d'économies pour placer des *fortunes* à la Bourse ? Non, il se dit qu'il serait fortuné...

> *S'il venait à passer, sous ces grands marronniers,*
> *Quelque alerte beauté de l'école flamande,*
> *Une ronde fillette, échappée à Téniers,*
> *Ou quelque ange pensif de candeur allemande :*
> *Une vierge en or fin d'un livre de légende,*
> *Dans un flot de velours traînant ses petits pieds ;*

Une personne fortunée est avant tout celle que favorise la fortune au sens latin de *fortuna*, le sort, la chance, le destin. Le mot *fortuné* est donc synonyme de *chanceux*, de *veinard*. Pour ma part, j'avoue que je suis, grâce à mon métier, relativement *aisé*, mais que je me sens *fortuné*, comme Musset, quand, sur le plateau de « Questions pour un champion », vient à passer « quelque alerte beauté ou quelque ange pensif » !

Impavide

Nous croyons *impavide* synonyme d'*inexpressif*, ou de *flegmatique*. Nous disons : « Quand son coiffeur annonça à la baronne que sa permanente était ratée, elle resta *impavide*. » Ou : « Tout le monde rigole, mais il reste *impavide*. »

En réalité, le mot *impavide* vient du mot latin *pavor*, la peur. Ajoutez-lui le préfixe *im* qui traduit la négation, et vous obtenez : qui n'éprouve ni n'exprime aucune peur.

Dans « Nelson Mandela, condamné à passer de nombreuses années en prison, écoute, *impavide*, l'énoncé du verdict », on comprend que l'injustice de la peine n'inspire aucune peur au héros sud-africain, et qu'à cet instant, son visage n'exprime aucune crainte.

Incessamment sous peu

Incessamment sous peu fait partie de ces formules humoristiques (ici, le comique est censé venir du pléonasme, puisque *incessamment* et *sous peu* veulent dire la même chose) qui sont passées dans le langage courant et dont certains ont oublié l'origine drolatique.

À l'origine, le commerçant auprès de qui vous vous enquériez d'une livraison attendue depuis trop longtemps vous répondait qu'elle arriverait *incessamment sous peu*, avec un éclat de rire. Il aurait pu empiler les pléonasmes pour rendre l'effet encore plus drôle : *très vite incessamment sous peu et d'un moment à l'autre*. Il se fichait de vous. Votre livraison était, en réalité, planifiée pour la Saint-Glinglin.

Aujourd'hui, il n'est pas rare d'entendre une personne vous dire *incessamment sous peu* sans une once d'ironie. Elle croit sincèrement qu'*incessamment sous peu* est une formule correcte, aussi neutre que *à brève échéance*.

Inhumé

Le 1er mai 2011, les médias annoncent la mort d'Oussama Ben Laden. *Le Figaro* titre : « Ben Laden *inhumé* en mer ».

Je m'étonne. Il me semblait qu'*inhumer* incorporait le mot *humus*, qui désigne la couche supérieure de la terre, enrichie par la décomposition des matières organiques végétales… Une terre riche en *humus* noir est toujours fertile.

Je me réfère alors à *La Provence*. J'y trouve la manchette : « Ben Laden mort et *inhumé* en mer, les talibans menacent ». *Le Monde* emploie aussi, comme la plupart des journaux, la formule *inhumé en mer*. D'autres disent « *enterré* en mer ».

RTL est presque le seul média à proclamer : « Le corps de Ben Laden *immergé* en pleine mer ».

Le temps a passé. Aujourd'hui, relisant ces lignes avant de les livrer à mon éditeur, je me dis que si faute il y a, *Le Figaro* a dû la corriger sur son site Internet. J'y retrouve pourtant, plusieurs mois après les événements, la même formule : « Ben Laden *inhumé* en mer ».

Enterrer aussi bien qu'*inhumer*, c'est *mettre en terre*. On ne peut donc pas *inhumer en mer* ou *enterrer en mer*. Comme le corps a été recouvert d'un linceul avant d'être rendu aux éléments, tous les journaux que j'ai cités auraient pu employer le mot *enseveli*. Mais le mot *immergé* est le plus juste.

Un ami me rétorque : « Julien, tu te trompes, car un tableau de Turner, sur lequel on voit un navire où l'on s'apprête à jeter un corps à la mer, s'intitule *Burial at Sea* (*Un enterrement en mer*). »

Décidément, la question se corse… Je vais aussitôt faire des recherches étymologiques. Je découvre ainsi qu'en anglais, le verbe *to bury* dérive de formules qui signifient *abriter, cacher, protéger, garder*. Le titre anglais du tableau n'est donc pas erroné. Mais sa traduction française l'est.

Pour ceux qui, comme moi, se passionnent pour la peinture, signalons que l'œuvre est conservée à la Tate Gallery de Londres.

J'espère pas

Va-t-il pleuvoir ? « J'espère pas », me répond ma boulangère.

Je passe rapidement sur le fait que « Je ne l'espère pas » aurait été grammaticalement plus correct. Car ce n'est pas ce dont je veux parler ici.

Mon interlocutrice n'est pas agricultrice. Je me doute donc qu'elle *n'espère pas* la pluie. S'il pleut, il en résultera que les clients entreront dans sa boutique les chaussures mouillées, voire boueuses. Elle devra passer la serpillière sur le carrelage plusieurs fois dans la journée. Quelques gourmands préféreront rester chez eux plutôt que de braver la tempête pour aller acheter des gâteaux. Son chiffre d'affaires s'en ressentira. Comment pourrait-elle *espérer* la pluie ? À ma question : Va-t-il pleuvoir ?, j'aurais compris qu'elle répondît : « J'espère que non ! », qui serait plus logique. Elle exprimerait par là qu'elle ne se contente pas de ne pas espérer qu'il *pleuvra*, mais qu'elle espère qu'il ne *pleuvra pas*.

Miroir sans teint

Chaque fois que je lis l'expression *miroir sans teint*, j'ai presque envie d'appeler ma maquilleuse. Si le miroir n'a pas bon teint, elle doit pouvoir y remédier !

En réalité, c'est d'un miroir sans *tain* qu'il s'agit. Le *tain*, nous dit Wikipedia, est la partie métallique appliquée derrière un miroir, souvent composée d'un mélange d'étain et de mercure et anciennement de plomb, qui effectue la réflexion.

Mitiger

Mitiger, c'est rendre moins acide, moins radical, moins pénible, moins douloureux ou... moins chaud. J'ai ainsi entendu, dans un documentaire, un professeur de criminologie poser à ses étudiants la question suivante, tout à fait correcte : « La violence des coups portés à une personne obèse est-elle *mitigée* par la graisse qui lui enrobe le corps ? » En d'autres termes : la graisse amortit-elle les coups, les rendant moins douloureux ?

Il faut donc savoir distinguer *mitiger* de *mélanger*. Si la moitié du public aime un spectacle alors que l'autre moitié le déteste, on ne peut pas dire que les réactions sont *mitigées*. Elles sont *mélangées*.

Péripétie

Dans une histoire, une *péripétie* est un événement important, susceptible de changer le destin des personnages, d'orienter l'action dans une nouvelle direction et de provoquer le dénouement.

D'où vient alors qu'on parle si souvent de simple *péripétie* pour désigner un événement sans importance ? L'arrivée d'une intempérie qui bouscule un bateau de croisière et étale le potage sur les nappes brodées, c'est une anicroche, un désagrément. Une tempête qui fait couler le navire, c'est une *péripétie*.

Soi-disant

Il suffit de décomposer le mot *soi-disant* pour comprendre qu'il désigne ce que quelqu'un dit sur lui-même. La formule *une soi-disant crapule* ne peut s'appliquer qu'à une fripouille auto-proclamée. Il est par exemple impossible à un *soi-disant* criminel de plaider l'erreur judiciaire, car cela reviendrait à se dire à la fois coupable et innocent. Quand le Syndicat des thoniers méditerranéens inonde la presse de communiqués soulignant que « la commission européenne doit s'expliquer quant à la provenance du thon rouge capturé *soi-disant* sous quota communautaire », il sous-entend que les thons prennent la parole. *Soi-disant* ne peut en réalité s'appliquer qu'à des êtres humains. On ne peut parler ni d'un *soi-disant* fauteuil Louis XV ni d'une *soi-disant* voiture non-polluante. Soit dit en passant, *soi-disant* est invariable.

Preuve supplémentaire que ceux qui emploient cette formule ne la comprennent pas, notons que *soi-disant* est souvent affublé d'un *t* excédentaire : *soit disant*, comme si ce *soit* venait du verbe *être*.

Le plus souvent, vous gagnerez à remplacer *soi-disant* par *présumé* ou *prétendu* : « ce tableau *prétendu* impressionniste », et non « ce tableau *soi-disant* impressionniste ».

Voix au chapitre (avoir)

Dans une institution religieuse, le *chapitre* est l'assemblée de ceux qui prennent les décisions, et ce chapitre-là n'a aucun rapport avec celui, dans ce livre, que vous êtes en train de lire. On parle ainsi du *chapitre* d'un couvent ou d'une congrégation. Les chanoines qui forment le conseil de l'évêque, par exemple, ont le droit d'y voter. Ils peuvent faire entendre leur voix.

Par extension, on utilise la formule *avoir voix au chapitre*, et *non avoir droit au chapitre*, pour dire qu'on mérite d'être consulté, de s'exprimer sur un sujet. « Si les producteurs décident de modifier le décor de mon émission, j'ai quand même *voix au chapitre*. » « Pour le choix d'un nouvel appartement, chaque membre de la famille devrait avoir *voix au chapitre*. »

Vous n'êtes pas sans ignorer

Si vous *n'êtes pas sans ignorer*, c'est que vous ignorez. Pourtant, la plupart de ceux qui utilisent cette formule veulent dire : *Vous savez*. Il faudrait énoncer : *Vous n'êtes pas sans savoir*.

Cette faute de compréhension figure, dans tous les manuels, parmi les grands classiques des fautes de français.

Cependant, je peine à m'y intéresser beaucoup, car ce qui me trouble le plus n'est pas cette faute elle-même, c'est qu'on se sente obligé de dire *vous n'êtes pas sans savoir que*, plutôt que, tout simplement, *vous savez que*. C'est ce qu'on appelle une circonlo-

cution, soit (je cite le *Trésor de la langue française*) :
«Un détour de langage qui, en évitant les termes
précis, vise à masquer la pensée ou à adoucir ce que
l'on veut dire.» En m'égarant comme j'aime à le
faire dans les pages d'un dictionnaire, j'ai trouvé
ce joli mot qui désigne aussi bien, selon moi, cette
manière de parler : *affèterie*. Je cite une définition
provenant de la même source : «Manière pleine
d'affectation par laquelle, dans le dessein de plaire,
on s'éloigne du naturel et tombe dans un excès de
recherche superficielle ou contraire au bon goût.»
Tout est dit. Vous n'êtes plus sans le savoir !

Vrai-faux

Il ne se passe pas un jour sans qu'on entende
parler d'un *vrai-faux* document, d'une *vraie-fausse*
attestation, d'un *vrai-faux* tableau. Un faux document, une fausse attestation, un faux tableau ne suf-
firaient-ils pas à nous éclairer ?

Comme dans le cas de *à l'insu de mon plein gré*
et de *incessamment sous peu*, on trouve à l'origine de
cette expression un formule ironique et volontairement paradoxale.

L'histoire est si confuse que l'idée de vous la
raconter en détail me décourage. Retenons seulement qu'en 1986, un certain gouvernement pouvait
avoir intérêt à faire disparaître dans la nature un
encombrant personnage nommé Yves Chalier. Pour

qu'il puisse quitter le territoire sous un nom d'emprunt (Navarro!), un faux passeport lui fut remis par les autorités. Ce passeport était donc à la fois faux, puisqu'il rendait possible une usurpation d'identité, et vrai, puisqu'une administration gouvernementale dûment mandatée pour cela l'avait fabriqué et remis à son utilisateur.

On parla donc d'un *vrai-faux* passeport. Les journalistes, si fiers de l'avoir inventée, ressassèrent cette expression contradictoire. On en oublia peu à peu l'ironie. On n'en perçut plus le sel.

Désormais, quand il s'agit de faux, chacun dit *vrai-faux*, sans réfléchir, sans se demander s'il s'agit d'un *vrai-faux* (c'est-à-dire un faux établi par une autorité légitime) ou un simple *faux*.

C'est ainsi que l'usage valide, à force d'en abuser, des formules initialement conçues pour leur valeur provocatrice, et qui ne sont plus qu'erronées.

Vraiment pas/Pas vraiment

Lorsque je fis mes débuts à la télévision, je découvris l'importance des mentions inscrites sur l'écran au moyen du *synthétiseur d'écriture*. Un jeu – ce n'était pas « Questions pour un champion » – proposait au spectateur de choisir entre plusieurs réponses à une question que j'ai oubliée. L'une de ces réponses était mal rédigée, puisqu'elle énonçait « vraiment pas... » au lieu de « pas vraiment... ». Je n'ai pas oublié, en revanche le débat que j'eus à mener avec le réalisateur, qui ne voyait aucune différence entre les deux formules.

Bien des années plus tard, je lui rappelle que si un plat n'est *vraiment pas* mangeable, cela veut dire qu'il va s'empoisonner. S'il n'est *pas vraiment* mangeable, cela signifie que le chef n'est pas doué. Dans un cas, on finit à l'hôpital, dans l'autre, on aura des aigreurs d'estomac. S'il ne fait *pas vraiment* beau, c'est que le ciel est un peu nuageux. S'il ne fait *vraiment pas* beau, cela signifie qu'il pleut, qu'il vente et que le tonnerre gronde.

*

J'ai relevé çà et là d'autres exemples des absurdités auxquelles on aboutit quand on ne cherche pas à comprendre ce qu'on dit. Je ne résiste pas au plaisir de vous les livrer, en vrac, comme des friandises...

France 2, nous dit Jean-Marc Morandini, fait appel *à une* décision de justice (on fait en réalité appel *d'une* décision de justice pour obtenir, *en appel*, un second jugement).

Lu dans le journal suisse *Le Matin* : « Il s'est produit une mini-tornade *marine* sur le lac. »

Sur RTL : « On regrette la croissance *envieuse* des années passées. » Elle était donc *enviable*, cette croissance...

Sur la RSR (Radio Suisse Romande): «Il faut *enrayer l'immobilisme* du gouvernement.» En effet, sinon, comment l'arrêter, l'immobilisme?

Sur France Info: «À la HALDE, la pile de dossiers *s'allonge*.» J'aurais compris qu'elle *s'épaississe*, mais si elle *s'allonge*, jusqu'où ira-t-elle?

Sur le site lesindiscrets.com: «Cheuvreux, filiale du Crédit Agricole, s'apprête à licencier 75 emplois.» Bien sûr, on ne licencie pas des emplois, mais des employés!

Dans le journal canadien *24 Heures*: «S'*ils* peuvent aller travailler, *les personnes* profitant de ce compromis doivent...»

Sur le site 20minutes.fr: «Patrick Swayze, actuellement *en prise avec* un cancer du pancréas, incarne un agent du FBI aux méthodes douteuses.» Ce qui me semble douteux, c'est surtout ce *en prise avec*, au lieu de *aux prises avec*, qui signifie «lutter contre».

Les incroyables analphabètes mis en scène dans les émissions de téléréalité nous offrent enfin une mine à ciel ouvert d'incongruités: «Y a pas mal de facteurs à *tenir en compte*» (au lieu de *prendre en compte*); «J'ai *tressé* des liens avec Angie» (au lieu de *tissé* des liens»); «Tu connais pas les filles que je squatte avec elles!» (au lieu de *les filles avec qui je squatte*); «Je suis têtue comme une *moule*» (au lieu de *mule*, faut-il le préciser?)...

UN ACCIDENTÉ
DANS UN ÉTAT SÉRIEUX
OU
CONTUSIONS ET CONFUSIONS

Un jour, Jérémy H., de Chartres, assista à une émission que j'animais. Au moment de la pause, il s'approcha de moi en vue de me demander un autographe. Il entendit alors quelques bribes des propos que j'échangeais avec un candidat. Celui-ci venait de recevoir des nouvelles alarmantes de sa femme, victime d'un accident de la route.

Le lendemain, Jérémy H. m'écrivit. «Je vous ai entendu parler d'une *dame accidentée*. Vous sembliez très solidaire de son mari, avec qui vous discutiez. C'est pourquoi je n'ai pas osé vous interrompre. Cependant, sachez qu'*accidenté* se réfère à une surface inégale, par exemple une route avec des creux et des bosses. Vous auriez dû parler d'une personne *victime d'un accident*. Le sens n'est pas le même.» Cher Jérémy, j'accepte votre critique. Cependant, *accidenté* dans le sens de *victime d'un accident* n'est pas aussi condamnable que vous le croyez. En fouillant un peu les dictionnaires, j'en ai trouvé de nombreuses utilisations, depuis le début du XXe siècle. Voici par exemple une phrase de Louis Aragon, extraite de son roman *Les Beaux Quartiers* : «La dame avait fouillé dans son sac et en avait sorti une médaille de saint Christophe, en argent : d'un côté, le patron des *accidentés* avec l'Enfant Jésus sur l'épaule, traversant un fleuve, de l'autre une route avec un soleil couchant et une automobile qui se heurte contre un arbre.»

Ajoutons que le qualificatif *grave* s'applique mieux que *sérieux* à l'état d'une victime.

Cependant, Jérémy H. a raison sur un point essentiel : nous prenons parfois pour argent comptant ce que nous croyons savoir des mots, sans nous assurer de leur réelle signification.

Aïeux/Aïeuls

Je suis sûr que beaucoup d'entre vous pensent que les mots *aïeux* et *aïeuls* désignent la même chose : nos *ancêtres*. Perdu : seul le premier répond à cette définition. Le second désigne nos *grands-parents*.

Ajourner

J'ai longtemps cru que le verbe *ajourner* signifiait *annuler*, alors qu'il veut dire reporter, à une date connue ou à déterminer. La différence est grande ! Un rendez-vous *annulé* me cause de la contrariété : je pense que celui qui me l'avait accordé fait preuve de légèreté, voire de goujaterie. S'il ne fait qu'*ajourner* ce rendez-vous, c'est-à-dire le *reporter*, le mal est moindre. La mauvaise compréhension d'un mot peut aller jusqu'à nous brouiller avec nos proches.

Amener/Apporter

Employez-vous indifféremment *amener* et *apporter* ? Vous avez tort. Il faut comprendre qu'*amener* incorpore le verbe *mener*, et *apporter*, le verbe *porter*. On *mène* une personne et on *porte* une chose. De même, logiquement, on *amène* quelqu'un et on *apporte* quelque chose. Vous *amenez* votre fiancée à un dîner chez des amis à qui vous *apportez* des fleurs.

Ceci/Cela

Cela se réfère à ce que nous venons d'évoquer et *ceci* à ce dont nous allons parler. Par exemple : « Il faut se montrer prudent. *Cela* dit, trop de prudence tue l'initiative, et je vais vous en donner un exemple.

Écoutez *ceci* : un général romain, qui n'avait pas froid aux yeux, etc. »

Par ailleurs, *ceci* désigne ce qui est proche, et *cela* ce qui est éloigné. Voyez *ceci*, près de la maison : c'est un cyprès. Et *cela*, là-bas, près du ruisseau : c'est un saule pleureur.

La différence entre *celui-ci* et *celui-là*, ou entre *celle-ci* et *celle-là*, est du même ordre. *Celui-là* désigne ce qui, dans la phrase qui précède, se situe le plus loin, *celui-ci* ce qui est le plus près. « J'aime deux régions, la Normandie et la Provence, *celle-ci* pour son aïoli et *celle-là* pour son camembert. »

Clore/Clôturer

Nous sommes nombreux à penser qu'on peut *clôturer* une conversation. En réalité *clôturer* veut dire poser une *clôture* autour d'un terrain ou d'une propriété. On *clôt* donc une conversation, un incident, une controverse, on ne la *clôture* pas.

Derechef/Immédiatement

Ma voiture neuve requiert quelques réglages. Le garagiste me dit : « Je vais m'en occuper *derechef !* ». Il commet une erreur, car *derechef* signifie « de nouveau », une deuxième fois. « Pendant la nuit, la neige a recouvert l'allée, que j'avais dégagée hier ; il m'a fallu la déneiger *derechef* » est correct. En revanche, une voiture qui n'a jamais été réparée auparavant ne peut pas l'être *derechef*. Nous confondons généralement *derechef* avec *immédiatement*.

Deuxième/Second

Deuxième s'emploie de préférence dans une suite qui comporte plus de deux termes. « Le *deuxième* de mes quatre enfants. » On favorisera *second* lorsque la liste s'arrête à deux. « J'ai deux jumeaux : le premier s'appelle Jean, et le *second* Tristan. »

La *deuxième* place libre veut dire qu'il existe plus de deux sièges disponibles. La *seconde* place libre est, en principe, la dernière.

Parler de la *Seconde* Guerre mondiale au lieu de la *Deuxième* Guerre mondiale est une preuve d'optimisme car cela revient à présumer qu'il n'y en aura pas une troisième.

Effacer le tableau

Nous disons, croyant la formule pertinente, que nous *effaçons* un tableau. En réalité, nous le l'effaçons pas, car après l'opération d'effaçage, le tableau est toujours là. Ce que nous avons *effacé*, c'est en réalité ce qui était inscrit sur le tableau. Jacques Capelovici se plaisait à dire que si cet usage de *effacer* était licite, il faudrait demander au garçon de café d'*effacer* la table, plutôt que de l'*essuyer* !

Policé/Policier

Quand j'entends à la radio que la Corée du Nord est un État *policé*, en raison de la pression que fait peser sur les citoyens la surveillance du gouvernement et des forces de l'ordre, je tique. Un pays *policé* est celui dans lequel tout est organisé, réglementé. Un tel pays est souvent très civilisé, puisque l'on y vit selon des codes sociaux élaborés. Les Coréens sont certainement *policés*, mais le journaliste, qui employait policé à la place de *policier*, ne parlait pas de cela. Il voulait dénoncer l'omniprésence de la police et son emprise sur la vie des citoyens.

Pratiquement/Presque

Pratiquement ne veut pas dire *presque*, mais dans la pratique, *dans les faits*. « Il est *pratiquement* trois heures » est dénué de sens. Il faut dire « Il est *presque* – ou *à peu près* – trois heures. »

On peut en revanche utiliser *pratiquement* dans la phrase suivante : « Créer un ascenseur spatial est possible en théorie, mais *pratiquement* difficile, malgré l'invention des nanotubes. » *Pratiquement* s'oppose ici à *en théorie*.

Primauté/Primeur

Faites-vous la différence entre *primeur* et *primauté* ? Le premier se réfère à ce qui est tout nouveau. Vous avez la *primeur* d'une information si vous êtes le premier à la connaître. « Un nouveau règlement de la copropriété va être proposé, le syndic m'en a donné la *primeur*. »

La primauté est le caractère de ce que l'on met au-dessus de tout, au premier rang, en position prééminente. Je lis dans *Le Figaro* que « la secrétaire d'État américaine est apparue sur la défensive car elle a été critiquée pour avoir donné *la primeur* à l'économie et au réchauffement climatique lors de sa visite à Pékin ». Je sens tout de suite que quelque chose cloche : l'auteur aurait dû écrire *la primauté*.

Naguère/Autrefois/Jadis

Pensez-vous que *naguère*, *autrefois* et *jadis* sont synonymes ? Il n'en est rien. *Naguère* se comprend pourtant facilement, si nous nous en donnons la peine. Le mot est construit à partir de « Il n'y a *guère* de temps », raccourci en *n'a guère*, devenu *naguère*. *Naguère* veut dire « il n'y a pas longtemps ». *Autrefois* et *jadis*, eux, se réfèrent à un passé éloigné. « *Autrefois*, on offrait aux enfants une orange en guise de cadeau de Noël. » « *Jadis*, les empereurs romains offraient des combats de gladiateurs à la population. »

JULIEN LEPERS

Le plus fâcheux n'est pas que nous ne connaissions pas le véritable sens de tous ces mots, mais que nous les utilisions quand même, au petit bonheur la chance, sans être sûrs de leur pertinence. Et si nous consultions plus souvent le dictionnaire?

LA *GENTE FÉMININE*
OU
LES MOTS SURGIS DU NÉANT

« Mesurez-vous votre responsabilité ? m'interroge Audrey W, de Chaumeil, en Corrèze. Qu'est-ce que cette *gente* féminine dont vous avez parlé l'autre jour à la télévision ? Inventez des mots, les gens les croiront justes. C'est le pouvoir de déculturation de la télé. »

Audrey, vous y allez un peu fort mais vous avez raison. Il y a pire qu'employer des mots qu'on ne comprend pas : en utiliser qui n'existent pas.

La *gent,* ce sont les gens, le peuple, un groupe de personnes prises dans leur ensemble, ou qui partagent un caractère commun. Si *gent* était masculin, on pourrait lui imaginer un féminin, qui serait *gente*, mais ce n'est pas le cas : *gent* est déjà un nom féminin.

Un poète parlera de la *gent ailée* pour désigner les oiseaux. C'est aussi ce que fait La Fontaine dans *Les Deux Coqs* :

> *Longtemps entre nos coqs le combat se maintint*
> *Le bruit s'en répandit par tout le voisinage ;*
> *La gent qui porte crête au spectacle accourut.*

Il est permis de dénoncer la *gent* hypocrite, c'est-à-dire l'immense peuple des sournois, de proclamer que la *gent* masculine et la *gent* féminine doivent bénéficier de droits et de devoirs égaux, ou de contempler la *gent* moutonnière qui duplique à l'infini les fautes de français des animateurs de la télévision, moi compris.

Je présume que la confusion à laquelle j'ai, une fois, succombé, est inspirée par l'adjectif *gente*. En français ancien, *gent* veut dire *noble*, tout comme *gentil*. L'adjectif *gent*, nous le connaissons surtout au féminin, puisque la formule « *gente* dame » a traversé les siècles et désigne encore, en langage recherché, une femme aimable, jolie, aux allures nobles.

Alunir

Dans le domaine des inflations langagières, le néologisme *alunir* fut créé pour rendre compte du débarquement sur notre satellite des engins inhabités soviétiques en 1966 et des vols habités par les Américains en 1969.

C'est en réalité la formule « se poser sur » qu'il aurait fallu employer, ou le verbe *atterrir*.

Et là, je suis sûr que vous pensez que je commets une erreur. Eh bien non ! *Atterrir* ne signifie pas arriver sur la Terre : la racine de ce verbe est la terre comme élément, et non comme planète. De la même manière, on parle de la « terre ferme » par opposition à l'élément liquide. Le sol, en quelque sorte. *Atterrir*, c'est toucher le sol, de la Terre, de la Lune ou de Mars. *Alunir* produit donc un double effet nuisible : on invente un mot qui ne sert à rien, et cette invention même risque d'alimenter une inflation. Faudra-t-il dire *amarssir* quand un engin se posera sur la planète Mars ? *Avénussir* ? *Ajupitérir* ?

Astronaute

Il arrive que des mots jaillissent du néant où ils auraient dû rester, avec la complicité des autorités, des médias et des scientifiques. Voici l'histoire exemplaire de deux mots inventés de toutes pièces.

Quand les Russes envoyèrent un homme dans

l'espace, on parla d'un *cosmonaute*. Quoi de plus judicieux : en 1961, Youri Gagarine alla bien se balader dans le *cosmos*.

La conquête de l'espace se déroula ensuite sur fond de guerre froide. Quand les Américains, à leur tour, propulsèrent des hommes dans les étoiles, on ne pouvait reprendre le mot *cosmonaute*, qui relevait désormais de la mythologie communiste. On inventa donc *astronaute*.

Les contingences de l'Histoire ont ainsi façonné deux mots pour désigner le même métier.

Plus tard, l'Europe devint une puissance spatiale. La guerre froide n'était qu'un souvenir. On aurait donc pu se contenter du vocabulaire existant. Cependant, pour ne pas sembler trancher entre deux idéologies, les scientifiques et, surtout, les journalistes inventèrent *spationautes*.

Nous voici avec trois mots pour la même notion.

Le plus récent, *spationaute*, qui ne résulte d'aucune réelle contrainte linguistique, a rendu aberrante cette mécanique. En effet, pourquoi s'arrêter là ? *Taïkonaute* – un astronaute chinois – vient de sortir de la pochette-surprise. Selon que les prochains explorateurs de l'espace seront brésiliens, moldaves ou andorrans, créerons-nous des *galaxionautes*, des *constellationautes*, des *nébulotionautes* ?

La raison voudrait qu'on adopte *astronaute* ou *cosmonaute*, et qu'on s'y tienne. Mais ce serait compter sans la jouissance que nous éprouvons, nous autres représentants des médias, à utiliser des jargons pour nous hausser du col.

Candidater

Chaque jour, grâce à leur imagination ou à cause de leur paresse, les journalistes inventent des mots nouveaux. Je lis par exemple la phrase suivante : « Auparavant réservé aux associations, cet appel d'offre est désormais ouvert à toute personne morale désireuse de *candidater*. » Dois-je préciser que le mot *candidater* n'existe dans aucun dictionnaire ?

Feignant

Surgi du néant, lui aussi, le mot *feignant*, aussi orthographié *faignant*, dérivé on ne sait comment de *fainéant*. On parle des *rois fainéants* pour désigner les Mérovingiens successeurs de Dabogert Ier, et pas des rois *feignants*. Aujourd'hui, *feignant* est passé dans le langage usuel, mais nul ne le recommande, car il autorise une confusion avec le participe présent du verbe feindre (faire semblant) : *feignant*. « *Feignant* de s'éloigner, il se dissimula derrière un arbre. »

Populaires aussi, et donc à éviter sauf si vous vous appelez Louis-Ferdinand Céline ou Frédéric Dard, les mots *feignasse* ou l'extraordinaire *feignantasse* que François Mauriac fait sortir de la poussière dans son roman *Thérèse Desqueyroux* : « C'était cette *feignan-tasse* qui ne voulait pas sortir des draps. »

Renseigner

Venu on ne sait d'où, on a vu surgir, jusque sur les sites des administrations gouvernementales, le verbe *renseigner* pris dans le sens de *remplir*, pour un formulaire. « Je vais vous aider à *renseigner* le questionnaire », propose un agent de l'Assurance maladie. « Veuillez *renseigner* tous les champs du formulaire », exige le site de la Préfecture de Paris. « Avez-vous *renseigné* la fiche d'inscription ? » demande – c'est un comble – l'hôtesse d'accueil d'une bibliothèque municipale.

« Vous cherchez un bon restaurant à Toulouse, me dit un étudiant, pas de problème, je vais vous en *renseigner* un. » Il voulait dire « vous en *indiquer* un ».

Pour qu'on en arrive là, je me demande si la cause n'est pas perdue, et je me sens, moi simple pécheur, bien innocent de mes fautes vénielles… Qu'on se le dise, on *remplit* un formulaire, on le *complète*, mais on ne le renseigne pas. Renseigner, c'est communiquer une information à *quelqu'un*.

Sans conditions

Sur France Inter, un chroniqueur explique, à propos d'une mesure que le président de la République prendra inéluctablement : « Le chef de l'État n'y a pas mis de *conditionnalité*. » Ce journaliste ne devrait pas être gardé en liberté, même conditionnelle.

Solutionner

Chacun devrait le savoir. Forgé (je devrais dire *bricolé*) à partir de *solution*, le verbe *solutionner* n'existe pas. On dit *résoudre*. Le problème n'a pas été *solutionné*, il a été *résolu*.

Stupéfaire

Le verbe *stupéfier* existe, mais pas *stupéfaire*. On ne peut pas former un participe passé sur un verbe inexistant, ce qui disqualifie l'étrange « être *stupéfait par* quelque chose ». On peut en revanche utiliser le participe passé de stupéfier : *stupéfié*. « Je suis *stupéfié par* l'ignorance des hommes politiques en matière de langage. »

Rien n'empêche d'utiliser *stupéfait* pour ce qu'il est : un adjectif. « Je suis stupéfait *de* leur ignorance » ou, tout simplement, « je suis stupéfait ».

En termes simples, on peut être *stupéfié par* quelque chose, *stupéfait de* quelque chose, mais pas stupéfait *par* quelque chose.

LES TEMPÉRATURES SONT FROIDES
OU
LA VALSE DES NON-SENS

Allez, je vous le concède. J'ai bien dû, comme le présentateur du bulletin météorologique que je dénonçais amicalement dans mon introduction, lâcher une ou deux fois : « Les températures sont froides. » Comme je l'ai expliqué, c'est pourtant un non-sens, une formulation absurde. Une température, simple mesure chiffrée, n'est ni chaude ni froide, elle est basse ou élevée. Quand nous remplaçons « il fait chaud » par « les températures sont chaudes », nous utilisons des mots vidés de leur sens. Que j'aie pu moi-même, çà et là, emprunter ce sens interdit, m'autorise à citer cette avalanche de non-sens : « Les températures, aujourd'hui, elles ne sont pas chaudes ! » s'exclame Laurent Cabrol. « Températures fraîches ! » dit Marie Marquet. « Les températures seront extrêmement chaudes aujourd'hui », annonce Héléna Morna sur Europe 1.

Nous avons tendance à confondre la chose mesurée avec la science qui l'étudie. Par exemple, demander quelle sera la météo demain n'a pas de sens. Demain, la météo sera ce qu'elle était déjà hier : l'étude des phénomènes atmosphériques, en particulier dans le but de prévoir l'évolution du temps et du climat.

Semblablement, lors de la sécheresse de 2011, j'entendis un agriculteur espérer « une meilleure *pluviométrie* ». Compte tenu du fait que la pluviométrie est la mesure de la quantité de pluie et des précipitations sur une zone géographique donnée, qu'entendait-il par là ? Voulait-il qu'on installe davantage de pluviomètres (le *pluviomètre* est l'instrument dont on se sert pour mesurer les précipitations) ? Voulait-il qu'on forme mieux les spécialistes de la *pluviométrie* ? Non, il voulait de l'eau ! De l'eau, pour grossir les rivières, pour alimenter les nappes phréatiques et pour arroser ses champs ! Il aurait donc dû souhaiter, tout simplement, que la pluie tombe. Car la *pluviométrie* ne mouille pas, n'arrose pas, n'inonde pas. Elle ne produit que des chiffres.

De même, l'alcoolémie ne saoule pas. Ce n'est pas son *alcoolémie*, c'est-à-dire son taux d'alcool dans le sang, qui précipite le chauffard ivre dans le décor, mais bien les vodkas ou bières qu'il a ingurgitées avant de prendre le volant.

On confond également la *technologie* avec la *technique*. Quand nous disons que la machine à éplucher les tomates est une *technologie* libératrice pour la ménagère, nous proférons une sottise. Parce que la *technologie* (du grec *téchnē* qui veut dire «art», «compétence», et *logia*, qui signifie «étude») n'est pas une technique ni un objet technique, mais un *discours* sur la technique. La tablette tactile, ou l'enregistrement vidéographique sur disque Blu-Ray ne sont pas des *technologies* mais des *techniques*. En revanche, les IUT – ou Instituts universitaires de technologie – prodiguent un enseignement sur les techniques, et cet enseignement se nomme la *technologie*.

Ainsi produisons-nous sans cesse des phrases absurdes, dépourvues de toute signification sinon celle, imaginaire, que nous leur prêtons. Que veut dire, par exemple, l'expression *possible et inimaginable*, que certains confondent, à tort, avec *possible et imaginable*. Exemple : David Douillet, secrétaire d'État chargé des Français de l'étranger, explique en quoi consiste son rôle : «On peut avoir des acquis que l'on peut mettre dans tous les domaines possibles et *inimaginables*.» Pourtant, si c'est possible, c'est que ce n'est pas *inimaginable*. Un non-sens de plus. Mais j'en reste là pour l'instant, car cet homme pourrait m'envoyer au tapis !

Depuis que je suis tout petit

« Jean-Francois Copé rêve de l'Élysée depuis qu'il est tout petit », nous dit un confrère d'Europe 1, spécialiste des revues de presse. Ah ! qu'elle me gêne, qu'elle me tarabuste, qu'elle m'enquiquine, cette formulation ! Je décide d'enquêter. Je découvre l'existence d'un site Internet qui indique la taille des célébrités et des personnalités politiques. Je lis : « Jean-François Copé (né le 5 mai 1964 à Boulogne-Billancourt) mesure 1,79 m. » Comment peut-on prétendre que le bouillant dirigeant de la majorité présidentielle de Nicolas Sarkozy est « petit » ?

Je comprendrais que Jean-François Copé rêve de la présidence depuis l'enfance, ou depuis sa majorité, ou depuis qu'il est chauve, puisque chauve, il l'est encore. Mais petit, il ne l'est plus, à en juger par son âge, depuis au moins trente-cinq ans.

Je vous entends protester : Jean-François Copé n'est pas chauve. Il ne l'est qu'un peu, sur le devant, je vous l'accorde, mais c'était pour les besoins de la démonstration !

Pourquoi la formule *depuis que je suis tout petit* est-elle usitée même par des adultes, et notamment, parmi eux, par des personnes de grande taille ? Je ne suis, et le courrier des spectateurs me le rappelle assez souvent, ni un écrivain, ni un grammairien, ni un linguiste. Je me méfie de mes intuitions. J'envoie donc un courrier à l'Académie française. Un très aimable Patrick V. me confirme ce que je pensais : « *Depuis que je suis petit* est incorrect, me répond-il, puisque cette petitesse est un état passé. » Alléluia ! Mon impression était bien fondée… Alors, pourquoi *depuis que je suis petit* s'est-il à ce point répandu ? Patrick V. connaît la réponse : « Cette formule se rencontre souvent en raison de l'analogie avec *depuis que je suis né*, phrase dans laquelle *je suis né* est perçu non plus comme un passé composé, mais comme un présent suivi d'un adjectif, structure que l'on retrouve dans *depuis que je suis petit*. Il est bien sûr plus juste d'utiliser *depuis l'enfance, depuis ma tendre enfance*. »

J'aime mieux ça

C'était avant l'affaire qui emporta ses chances de se présenter à l'élection présidentielle. Dominique Strauss-Kahn figurait en bonne place dans les sondages d'opinion. Rama Yade le talonnait. Sa personnalité rebelle séduisait également les Français. Un journal écrivit : « DSK *autant préféré* que Rama Yade » !

La formule est absurde car *préférer*, c'est aimer mieux. On ne peut donc pas *préférer autant*. Pour préférer, il faut choisir. C'est la règle du jeu. Sinon, on *aime autant*.

Risques et périls

Ma voisine, l'air fier, me dit que son fils *risque* de réussir son concours et d'être admis à l'École normale. Pour elle, c'est le bonheur car, de surcroît, son mari *risque* d'obtenir une promotion. Sans le savoir, ma voisine produit un non-sens. Nous faisons le même quand nous disons que nous *risquons* de gagner au Loto. *Risquer*, c'est s'exposer à un danger, à des désagréments. Avons-nous peur de devenir millionnaires? Si nous *risquons* de faire un héritage, le péril n'est pas pour nous, mais pour le futur défunt!

Ma voisine ferait mieux de dire que son fils *a de bonnes chances* de réussir son concours, et son mari d'obtenir sa promotion.

*

Dans la catégorie des phrases absurdes, il me plaît de dénoncer celle que prononcent chaque jour les personnels d'Air France, sans qu'apparemment leurs supérieurs aient l'idée de les corriger.

Je n'en peux plus d'entendre, dans les salles d'attente des aéroports Charles-de-Gaulle ou Nice-Côte-d'Azur, cette phrase stupide : « Nous allons procéder à l'embarquement des passagers placés *entre les rangées 10 à 20.* » Les rangées *10 à 20*, je comprends ce que cela signifie et je m'avancerai si ma carte d'embarquement porte la mention 15. « *Entre* les rangées *10 et 20* », je peux le comprendre aussi. Mais ce monstre lexical que sont les rangées « *entre* dix *à* vingt », je me demande bien à quoi il correspond…

La constance avec laquelle la faute est commise me fait espérer que les employés d'Air France manient mieux le manche à balai que le français.

C'EST DE CELA DONT IL S'AGIT
OU
LE SYNDROME DU PERROQUET QUI NE SAVAIT PAS QU'IL ÉTAIT UN PERROQUET

Un ami possède un perroquet du Gabon. Magnifique oiseau gris qui, chaque fois que j'entre, m'accueille en me disant : « Bonjour monsieur ! » Cet animal, vous le devinez, a acquis auprès de moi un immense prestige. Il ne m'a déçu que le jour où une ravissante jeune femme entra dans la pièce où il se trouvait. Il lui lança un tonitruant : « Bonjour monsieur ! ». Je compris alors que si un ficus avait été introduit près de lui, il lui aurait aussi bien adressé son fameux et unique « Bonjour monsieur ! ». Mon ami ne lui avait pas appris à distinguer les hommes des femmes, ni les humains des végétaux.

De la même façon, les humains répètent parfois ce qu'ils viennent de dire, sans chercher à comprendre les mots qu'ils emploient. Cette maladie porte le nom de psittacisme. Ce mot vient du latin *psittacus*, qui veut dire « perroquet ».

Nous sommes nombreux à souffrir d'un psittacisme non diagnostiqué. Cette jeune femme que j'entends à la radio, par exemple : « C'est *de* contrats *dont* il a été question », affirme-t-elle. Ne sait-elle pas que le mot *dont* veut dire *de qui, duquel, de laquelle, desquels, desquelles,* ou *de quoi* ? Ce mot magique inclut donc déjà un *de*. Dire : « C'est *de* contrats *dont* il a été question » revient à employer un *de* de trop. Comme si l'on disait : « C'est *de* contrats *de* quoi il a été question. » Seul « C'est de contrats qu'il a été question » est valable.

On ne dit pas davantage « C'est *de* cela *dont* il s'agit », mais « C'est *de* cela *qu'il* s'agit ». Bien sûr, on peut formuler la phrase différemment : « C'est cela *dont* il s'agit » est correct, car on évite la répétition du *de* inclus dans *dont*.

Le psittacisme inconscient est une maladie grave. Il implique l'ignorance par le sujet du véritable sens de mots dont il use, et c'est un mal très répandu.

5

REQUIEM POUR DES MOTS DÉFUNTS

Je l'ai déjà dit, il est normal que la langue évolue. De nouveaux mots sont créés chaque jour. Certains continueront d'exister, d'autres s'éteindront. Je crois en une sorte d'évolution darwinienne du vocabulaire. Les mots et les locutions les mieux adaptés à l'époque moderne survivent. La sélection naturelle laisse périr les autres.

En revanche, quelques massacres n'ont rien de naturel : ceux, par exemple, de la forme interrogative, des articles, du masculin dit neutre et de pans entiers de notre langage essentiels à la compréhension. Il faut protéger cette biodiversité de la langue avant qu'elle ne disparaisse et que nous en soyons réduits à chanter son requiem. Un *requiem* est une messe pour les morts, et avec ces morts-là disparaîtront nos chances de nous « entendre » les uns les autres. Nous avons déjà du mal à le faire en parlant correctement, si nous escamotons ce qui rend les phrases compréhensibles, où allons-nous ?

CE QUI FAIT DÉBAT
OU
L'ADIEU AUX ARTICLES

Lors d'un enregistrement de « Questions pour un champion », un candidat contesta, hors antenne, la réponse que je tenais pour juste à la question qui l'avait fait échouer. Il m'écrivit ensuite pour se plaindre, non de l'arbitrage qui lui avait été défavorable, mais de la phrase que j'avais prononcée au début de notre discussion : « Alors ça, *ça fait débat* ! »

Ce candidat malchanceux avait raison : je n'aurais pas dû répéter cette formule à la mode, mais dire que sa contestation, par exemple, soulevait des questions, ou qu'elle ouvrait un débat.

Les secours sont arrivés *sur zone*...

Ainsi parlent les médias pour dire que des sauveteurs ont été dépêchés sur *la* zone où un navire a sombré. En adoptant la formule employée par les océanographes ou les météorologues, ils croient se donner un surcroît de respectabilité. S'ils utilisent le langage spécialisé de ceux dont ils parlent, supposent-ils, on pourra les croire aussi compétents qu'eux.

Le style n'y gagne guère. Un restaurateur, dans le jargon des limonadiers, ne dira jamais que les carafes d'eau sont *sur les tables*, mais que les carafes sont *sur table*. Il est dans son emploi, chaque profession utilisant, par souci d'efficacité, des formules formellement erronées. Cela ne veut pas dire que les chroniqueurs gastronomiques devraient en faire autant.

Les policiers proposent à une victime de « déposer plainte », mais il n'en demeure pas moins préférable de dire « déposer *une* plainte ».

Pourtant, *Le Point* comme *Le Figaro* nous annoncent qu'une « caricature d'Obama en singe *fait polémique* ». *La Croix* s'inquiète d'un projet de loi interdisant à l'école les signes d'appartenance religieuse : « Cela risque de faire polémique. » Michel Field intitule une émission de télévision « Ce qui *fait débat* ». On parle aussi de ce qui *pose question* : « Jeunes et activistes, qui exigent la messe en latin, *posent question* à l'Église», lit-on dans un journal catholique.

Je sais bien qu'on dit «faire tache», ou «faire obstacle» ou «porter plainte», mais dirions-nous, de la même manière, «J'ouvre fenêtre pour laisser entrer soleil»? Sur la suppression des articles, le débat, lui, est bien ouvert...

VOUS VIVEZ À BLOIS ?
OU
LES OBSÈQUES
DE LA FORME INTERROGATIVE

Lors de l'enregistrement d'un jeu, une assistante m'annonce qu'une candidate, ce jour-là, est amoureuse de l'Aquitaine. « Vous vivez à Arcachon ? », lui dis-je après avoir consulté ma fiche.

Je reçois, dès le lendemain, une lettre d'Isabelle R., de Saint-Cirgues-de-Malbert, dans le Cantal, dont les premiers mots m'annoncent que je ne vais pas passer un bon quart d'heure : « Quand on anime une émission culturelle, monsieur, on ne parle pas comme ça ! » La fatigue m'a déjà fait oublier les mots que j'ai prononcés la veille. Aurais-je dit « Habitez-vous *à* Arcachon ? » au lieu de « Habitez-vous Arcachon ? » comme il convient ? Je poursuis ma lecture. Isabelle écrit : « Cela vous arracherait-il

la gueule de dire *Vivez-vous à Arcachon ?* et pas
Vous vivez à Arcachon ? comme tous ces messieurs-
dames ignares qu'on recrute à la télévision et qui ne
savent même pas comment on construit une phrase
interrogative ? »

Isabelle pourrait dire les choses avec plus de douceur, mais je ne conteste pas le fond.

Il suffit de consulter le site Internet français-
facile.com pour se rappeler qu'à la forme interrogative, « on place le sujet après le verbe ou après
l'auxiliaire dans les temps composés et on lie le
pronom sujet au verbe par un trait d'union : *cou-
pes-tu ? as-tu coupé ? auras-tu coupé ?* Pour les réponses,
le pronom-sujet reprend sa place avant le verbe,
car ce n'est plus une question : oui, *je coupe, j'ai
coupé, j'aurai coupé.* »

On ne saurait exposer la règle plus clairement.
J'ajoute que, pour éviter que deux voyelles ne se
percutent (par exemple : *a-il dit ?* ou *marche-il ?*), on
utilise un *t* dit *euphonique* à la troisième personne
du singulier. On qualifie d'*euphonique* une combi-
naison de sons harmonieuse, qui adoucit les liaisons
et permet d'aboutir à : *a-t-il dit ? marche-t-il ?*

En dépit de la simplicité de la règle (nous l'avons
tous apprise à l'école primaire), nous la bafouons
chaque jour. Même le journal *Le Monde*, censé (et
non *supposé*, comme le voudrait l'imitation de l'anglais *supposed to*) illustrer une langue soignée, se

demande : « Pourquoi les pandas ne mangent que du bambou ? » au lieu de « Pourquoi les pandas ne mangent-ils que du bambou ? »

La disparition progressive de la forme interrogative classique succède à un premier dommage fait à la langue. Qui n'a pas employé le lourd, l'inutile, l'encombrant *est-ce que ? Est-ce que* le train partira à l'heure ? *Est-ce que* votre fille va à l'école ? *Est-ce que* cet animal est docile ?... au lieu de : Le train *partira-t-il* à l'heure ? Votre fille *va-t-elle* à l'école ? Cet animal *est-il* docile ?

De *quel temps fait-il*, nous sommes passés par *quel temps est-ce qu'il fait* avant d'aboutir, aujourd'hui, à *quel temps il fait ?* Nous ne tombons pas seulement de Charybde en Scylla comme le fait Ulysse dans *L'Odyssée*, c'est-à-dire d'un monstre à un autre : nous allons de mal en pis.

Depuis la lettre d'Isabelle R., je m'efforce de demander à ma fille : « *As-tu* réussi ton examen ? » et non « *Tu as* réussi ton examen ? » À mon fils, je demande : « *As-tu* vu le nouveau film de Quentin Tarantino ? » et non « *Tu as* vu le nouveau film de Quentin Tarantino ? Quand j'interroge les candidats de « Questions pour un champion », je leur dis : « Quelle profession *exercez-vous ?* » et non « Quelle profession *vous exercez ?* »

Dans son livre *Zéro faute*, François de Closets dénonce très justement l'abandon de la forme interrogative. « Voyez comme, écrit-il, dans l'indifférence générale, on a cessé d'utiliser le mode interrogatif. C'est une horreur linguistique, je suis le seul à la dénoncer, tout le monde s'en fiche. Le français évolue vers une langue infantile, une langue de communication, une langue d'ingénieur en informatique, c'est épouvantable ! »

Ajoutons qu'un simple défaut d'intonation rend phonétiquement semblables, par exemple chez le médecin, « Vous êtes malade » et « Vous êtes malade ? ». Pourtant, avec la première phrase, le praticien vous annonce un arrêt-maladie, alors qu'avec la seconde, il vous demande courtoisement si vous êtes en forme…

ON VA PAS À LA MONTAGNE ?
OU
LES FANTÔMES DE LA FORME NÉGATIVE

« On va pas à la montagne ? » me demandent mes enfants lorsque je leur annonce que, cet été, nous passerons quelques jours en Thaïlande, ce doux pays où réside un de mes amis.

Leur question me permet d'inverser les rôles et de devenir, pour une fois, celui qui prône les bons usages de la langue française. « D'abord, il vaudrait mieux employer *nous* que *on*, leur dis-je, car il s'agit bien de *nous*, et non d'un sujet indéterminé qui serait ce *on* que je ne connais pas. Ensuite, lisez le manuscrit de mon livre *Les fautes de français ? Plus jamais !* : j'y défends le mode interrogatif, dans lequel, pour poser une question, on inverse le verbe et le sujet. De plus, la négation s'indique par un *ne* intermédiaire ou, dans ce cas, par un *n'*. Si vous corrigez ces

trois erreurs, vous me demanderez : "N'allons-nous pas à la montagne ?", une phrase enfin correcte. »
Quand tombe mon dernier mot, je découvre mes deux ados interloqués. Les yeux écarquillés, ils se demandent qui est ce type qui leur fait la leçon, lui qui reçoit chaque jour un sac de courrier comportant bon nombre de critiques linguistiques... Guillaume prend alors des airs volontairement affectés pour demander, comme je l'ai conseillé : « N'allons-nous pas à la montagne, ma chère ? » Un éclat de rire clôt le débat.

Je pense aux fantômes de ces *ne*, de ces *n'* que l'époque semble condamner. Le boulanger dit «*J'ai plus* de baguette», une jeune fille proclame «*J'aime pas* les films intellectuels», un chauffeur de bus indique : «*Je vais pas* place Gambetta.» Les petits spectres pleurent l'espace qui leur était jadis accordé au creux de ces phrases, et qui les rendait plus claires, plus fluides, plus intelligibles. Ils ne prenaient pas de place et amortissaient le choc d'une négation, d'une impossibilité ou d'une fin de non-recevoir. Ils servaient de tampon, de molleton entre le sujet et le verbe en mode négatif. N'y a-t-il pas plus d'affabilité à dire «Je *n'ai* plus de baguette», «Je *n'aime* pas les films intellectuels» ou «Je *ne vais* pas place Gambetta» ?

LES FRANÇAISES ET LES FRANÇAIS
OU
LE RAPT DU MASCULIN NEUTRE

Voici le moment où l'auteur se fait détester par la moitié de ses lecteurs. Entendez par là « par ses lectrices ». En effet, je déplore cette mode qui veut que les mots de genre masculin soient féminisés s'ils s'appliquent à une femme. J'ai déjà montré, en citant un inénarrable sketch de Roland Magdane, que les objets n'ont pas forcément l'apparence de leur genre grammatical. Chez les animaux, quand on parle d'une panthère *mâle*, il faut le préciser, car le mot *panthère* est féminin, même quand l'animal ne l'est pas. Chez les humains, une recrue, une vedette, une sentinelle, une andouille (dans le sens figuré) ou une canaille sont-elles obligatoirement des femmes ? Non, elles peuvent être mâles ou femelles. Un bébé, un nourrisson un tyran, un témoin, un mannequin, sont-ils nécessairement masculins ?

Bien sûr, je vais passer pour un macho ringard. Après tout, les Québécois écrivent bien *auteure*, *écrivaine* ou *professeure*, et nous avons bien chirurgien *et* chirurgienne, aviateur *et* aviatrice. Un journaliste annonce même au journal de RTL qu'un « témoin, ou plus précisément *une* témoin », va faire une déclaration dans une affaire de proxénétisme impliquant deux joueurs de football. *Une témoin* : ça, je ne l'avais encore jamais entendu ! Un lendemain d'élection américaine, Jean-Pierre Elkabbach, sur Europe 1, précise que « la France saluera comme il se doit *le* ou *la vainqueur* ». Barack Obama l'emporta, ce qui nous évita d'entendre parler de *la* vainqueur chaque jour qui suivit. Pis, j'entends ce matin, dans la bouche d'un avocat interviewé à la télévision, un étrange *ma confrère*. Et sa *consœur*, elle bat le beurre ? me demandé-je. Est-il donc si fort, ce désir de tout féminiser, pour qu'on l'applique à des substantifs pour lesquels une forme féminine existe déjà !

Certains avancent qu'on devrait dire, en effet, *la* vainqueur, Madame *la* Ministre, et non Madame *le* Ministre, Madame *la* Sénatrice, et non Madame *le* Sénateur. Je ne suis pas de cet avis. En voici la raison.

Quelques autres langues disposent d'un genre dit neutre. En anglais, par exemple, *he* veut dire *il*, *she* veut dire *elle*, et *it* est le pronom-sujet attribué aux choses. *She is* : *elle est*, pour une femme. *He is* : *il est*, pour un homme. *It is* : *il est*, pour un objet ou pour un animal.

Nous pourrions nous montrer jaloux : quoi, nos voisins disposeraient d'une ressource dont nous serions privés ? La langue de Shakespeare surpasserait-elle celle de Molière ?

En fait, nous sommes victimes d'une illusion auditive. Car la langue française dispose bien d'un genre neutre. Et cette illusion vient du fait que le genre neutre s'exprime de la même manière que le genre masculin. Voici comment l'explique l'Académie française... Attention, accrochez-vous :

« Le français connaît deux genres, traditionnellement dénommés *masculin* et *féminin*. Ces vocables sont impropres. Le seul moyen de définir les genres du français consiste à les distinguer en genres *marqué* et *non marqué*. Le genre dit couramment *masculin* est le genre *non marqué*, qui représente à lui seul les éléments relevant de l'un et l'autre genre. Quand on dit *tous les hommes sont mortels, cette ville compte 20 000 habitants, tous les candidats ont été reçus à l'examen*, le genre *non marqué* désigne indifféremment des hommes ou des femmes. En revanche, le genre dit couramment *féminin* est le genre *marqué*.

Or, la marque affecte le terme marqué d'une limitation. À la différence du genre *non marqué*, le genre *marqué*, appliqué aux être animés, institue entre les sexes une ségrégation. »

En d'autres termes, le féminin ne peut être que féminin, mais le masculin peut être masculin *ou* neutre.

J'en viens à mon argument principal. Le masculin neutre disparaît peu à peu, dans un élan de féminisation de la société que je comprends et applaudis par ailleurs. Mais sacrifier ce troisième genre au motif de sa discrétion et parce qu'il a le tort d'être jumeau du masculin, c'est admettre, dans un registre proche, que les droits de l'Homme, symbole d'universalité par excellence, soient désormais retirés aux femmes. Ici, en effet, le mot *Homme* est lui aussi utilisé dans une acception neutre, et englobe l'ensemble de l'humanité.

Chaque fois que des hommes politiques ou des spécialistes du politiquement correct se croient obligés de dire *les Parisiens et les Parisiennes, les chômeurs et les chômeuses, les infirmiers et les infirmières, les étudiants et les étudiantes*, au lieu de *les Parisiens, les chômeurs, les infirmiers* ou *les étudiants*, termes qui incluent à la fois le masculin et le féminin, ils soulignent, sans le vouloir, entre les hommes et les femmes, une différence sournoise contre laquelle les féministes, à raison, ne cessent de s'insurger. Moi qui croyais que nous étions égaux, solidaires... Eh bien non! Les hommes d'un côté, les femmes de l'autre. Comme à l'église du temps de nos grands-parents.

JE VOUS CASSERAI LA GUEULE
OU
LES TEMPS PASSÉS

La nouvelle génération, et bon nombre de politiques, écrivent de manière indifférente *je préférerai* ou *je préférerais*, *j'irai* ou *j'irais*, *je chanterai* ou *je chanterais*, sans que cela signale pour eux une différence de temps.

Naguère, quand quelqu'un vous disait « je vous *casserai* la gueule » ou je « vous *casserais* la gueule », l'emploi d'un futur dans le premier cas, et d'un conditionnel dans le second induisaient que, dans l'un, nous allions recevoir un coup de poing sur le nez et, dans l'autre, que son sens des convenances retiendrait les coups de notre adversaire. D'ailleurs, une condition suspensive suivait généralement la forme « je vous casserais la gueule... » : « ... si vous n'étiez pas plus fort que moi » ou « … si je ne risquais pas de me retrouver en taule ».

De même, le temps qui fait rêver, le passé simple, n'est plus guère employé que par quelques lettrés. Il faisait vagabonder l'imagination, ce passé simple, parce qu'il était – et demeure envers et contre tout – le temps du récit, de la légende, des histoires que nos oncles et grands-pères racontaient en nous prenant sur leurs genoux. « Le dragon émergea du lac et s'approcha de la princesse. Venant du château, le chevalier surgit et trancha la gorge du monstre. Pour remercier son sauveur, la princesse lui donna un baiser. » Le même récit deviendrait aujourd'hui : « Le dragon a émergé du lac. Il s'est approché de la princesse. Le chevalier a surgi et il a tranché la gorge du monstre. La princesse lui a donné un baiser. » Dans la première version, on vit l'histoire, dans la seconde, on l'écoute, et il n'y a plus d'émotion.

Quel comité de défense se battra-t-il pour la survie du passé simple dans la langue parlée ?

Le passé simple resurgit parfois, de la manière la plus inattendue : un passé simple déformé, malencontreusement réinventé pour avoir été trop oublié. J'ai trouvé sur Internet un *je courai* que l'auteur, ignorant la forme *je courus*, croyait être le passé simple du verbe *courir*…

PLUS DE FEMMES !
OU
PAS DAVANTAGE

« Plus de femmes dans les conseils d'administration ! » titre un grand quotidien. Lisant cette phrase, je m'insurge. Pourquoi n'y aurait-il plus de femmes dans les conseils d'administration ? Ne méritent-elles pas les mêmes avantages que les hommes, et les mêmes prébendes qu'eux ?

Ici, je fais une parenthèse (et même un *aparté* avec vous, lecteur, car nous nous isolons de la foule pour ce qui va suivre)... Ne croyez pas que le mot *prébende* soit venu spontanément sous ma plume, ou qu'il fasse partie de mon vocabulaire usuel. Je l'ai longtemps cherché car il est rare et discret. Il signifie : « revenu, profit attaché à une charge, à une fonction quelconque ; avantage attribué par faveur ». Dans les très grandes entreprises, les conseils d'administration sont devenus des comités de cooptation pour le partage des jetons de présence (rémunération aux administrateurs quand ils veulent bien s'asseoir autour d'une table). J'estime donc que la *prébende* des jetons de présence devrait profiter aux femmes au même titre qu'aux hommes. Fin de la parenthèse.

Bref, prêt à m'insurger, je lis l'article publié par le quotidien dont je parlais. Je découvre alors que le sens du texte n'est pas celui que la manchette (une *manchette* est un texte en gros caractères en première page d'un journal) me laissait attendre. En effet, l'auteur, loin d'annoncer qu'il n'y aura plus de femmes dans les conseils d'administration, explique qu'il y en aura *plus*, c'est-à-dire *davantage*.

Nous voyons ici la valeur de ce *davantage* si précis et si précieux. Il peut changer le sens d'une phrase. Si l'article avait été titré « *Davantage* de femmes dans les conseils d'administration », je ne me serais pas égaré.

Autre exemple. *Le Monde* annonce : « France Télévisions, plus de moyens ». L'équilibre financier de la télévision publique française est un enjeu primordial. Moi qui présente une émission à la fois populaire et culturelle sur les antennes de cette entreprise, comment serais-je insensible à cet enjeu ? Qu'on m'annonce qu'il n'y aura plus de moyens me navre. Que veut-on dire ? France Télévisions n'aura donc plus les moyens de présenter des concerts, des opéras, des pièces de théâtre, des films de fiction ambitieux ? Non, bien sûr. En laissant passer ce « plus de moyens », le rédacteur en chef du *Monde* voulait annoncer que France Télévisions obtiendrait des autorités de tutelle *davantage* de moyens. Là encore, l'emploi du mot *davantage* aurait facilité la compréhension.

IL FAUT ANTICIPER !
OU
LA CHUTE D'UN MOT

Il fut un temps où le sens du verbe *prévoir* était prévisible. *Pré* veut dire avant, *prévoir* signifie donc « voir à l'avance ». C'est pourquoi, d'ailleurs, *prévoir à l'avance* est un pléonasme. *Prévoir*, c'est considérer un événement comme probable, s'organiser en fonction d'un projet. Les volcanologues ont *prévu* l'éruption de ce volcan. J'ai *prévu* de passer mes vacances à Capri. La police *prévoit* une vague de cambriolages pendant les longues vacances d'été.

Aujourd'hui, malgré sa clarté, le mot *prévoir* tombe en désuétude, supplanté par un verbe qui, pourtant, ne signifie pas la même chose que lui : *anticiper*.

Anticiper signifie exécuter une action avant son terme, ou fixer ce terme à une date antérieure à ce qui avait été prévu. « J'ai *anticipé* le paiement de mes impôts, je ne dois donc plus rien au gouvernement. » « J'ai *anticipé* mon déplacement à Trouville : j'y suis allé hier alors que je ne devais m'y rendre que la semaine prochaine. » « Nous devons demander à la cour d'*anticiper* l'audience au tribunal, car les avocats de la défense seront absents à la date initialement prévue. »

Anticiper, qui comporte quatre syllabes, sonne sans doute mieux que *prévoir*, qui n'en affiche que deux. Jacques Capelovici disait que plus un mot est long, plus il nous semble moderne. C'est pourquoi « un chef d'entreprise *anticipe* une décroissance du chiffre d'affaires », « un marin *anticipe* une tempête », « un imprésario *anticipait* un succès alors que son chanteur fut sifflé par le public ». D'autres verbes auraient été préférables : *appréhender* une décroissance, *s'attendre* à une tempête, *espérer* un succès ou, dans tous les cas, le simple et inusable *prévoir*.

Dans l'usage moderne qu'on fait de ce mot, *anticiper* signifie cependant, de manière acceptable, prendre des dispositions pratiques pour favoriser ce qu'on a prévu, s'attendre à une chose et agir en fonction de cette prévision. *Anticiper*, dans ce cas, ne doit pas se substituer à *prévoir*, mais lui ajoute une notion supplémentaire : je *prévois* qu'il va pleuvoir, je l'*anticipe* et prends mon parapluie.

J'ai trouvé sur Internet une gradation intéressante entre *prévoir*, *escompter* et *anticiper* : «*Prévoir*, c'est penser que quelque chose va arriver, parce qu'on l'a déduit, mesuré ou calculé, ou parce qu'on en a l'intuition. *Escompter*, c'est avoir de bonnes raisons d'espérer que quelque chose se produira. *Anticiper*, c'est penser que quelque chose va se produire et s'y préparer.»

Cette auto-école a donc raison d'expliquer : «*Anticiper*, c'est prévoir un événement non encore apparent à partir des informations observées, c'est conduire avec sa tête. *Anticiper*, c'est prévenir les fautes des autres usagers. *Anticiper*, c'est être prudent pour deux.»

UNE POLITIQUE AUQUEL JE CROIS
OU
LES MOTS ENVAHISSEURS

Dans la nature, on appelle « animaux envahisseurs » (ou espèces invasives) ces animaux qui, venus d'ailleurs ou introduits par l'homme dans un écosystème qui n'est pas le leur, s'attaquent aux espèces indigènes et les détruisent. Par exemple, le colossal crapaud-buffle, introduit en Australie parce qu'il dévorait un insecte nuisible aux cultures, finit par s'attaquer aussi à des oisillons. Sa peau venimeuse causa la mort de rongeurs et de marsupiaux qui l'avaient effleuré, ou celle de prédateurs qui avaient voulu en faire leur repas. Bref, le crapaud-buffle réduisit la biodiversité australienne.

Il en est de même, dans le vocabulaire, des mots *auquel* et *lequel*, qui prospèrent notamment dans la bouche des politiques, au détriment de *auxquels*, *auxquelles*, *lesquels* et *lesquelles*.

« C'est une politique *auquel* je crois », disait hier, au lieu de « C'est une politique à *laquelle* je crois », un de nos ministres. « Les décisions par *lequel* (au lieu de *lesquelles*) j'entamerai mon mandat porteront sur l'éducation », annonce un candidat à l'élection présidentielle.

On peut toujours dégrader davantage la langue qu'on parle. Pour nous émouvoir, un autre homme politique dit, au lieu de « C'est *à* mon père *que* je pense » ou « C'est mon père *à qui* je pense » : « C'est *à* mon père *auquel* je pense », ce qui est absurde puisque *auquel* signifie « à qui ».

PAR CONTRE
OU
L'ASSASSINAT SANS MOBILE

Il n'y a pas de véritable mobile à l'assassinat de *par contre*. Pourtant, les beaux esprits ne cessent de nous culpabiliser.

« Vous avez dit : "Germaine prend de l'avance, *par contre* Gérald traîne un peu" !

— Et alors ?

— Vous auriez dû dire *en revanche*.

— Pourquoi ?

— Parce que c'est plus élégant.

— En quoi est-ce plus élégant ?

— Je ne sais pas, c'est écrit dans tous les dictionnaires, je crois. »

Tout est, bien sûr, dans ce « je ne sais pas ».

Qui pourra nous expliquer pourquoi *par contre*

serait inélégant et pourquoi il faudrait parer *en revanche* de toutes les vertus?

Supposez que je prononce les mots suivants: « Cette femme a perdu ses trois enfants dans le tremblement de terre de Haïti. *En revanche*, son mari a survécu. »

Cette phrase n'est-elle pas horrible? En quoi la survie du mari serait-elle une *revanche* pour cette femme? Que ce mari soit vivant la consolera-t-elle de la mort de ses enfants? Où est la *revanche*?

La phrase « Cette femme a perdu ses trois enfants dans le tremblement de terre de Haïti. *Par contre*, son mari a survécu » ne poserait pas ce problème.

J'ai décidé, une fois pour toutes, de dire *par contre* chaque fois que j'en aurai envie, n'en déplaise aux censeurs. Si on les écoute, *par contre* risque de disparaître. Sauvons-le!

6

LE VERBE,
UNE MÉCANIQUE DE PRÉCISION

Le verbe est le moteur de la phrase. C'est une mécanique de précision. Il lui donne sa dynamique, il la fait rouler, avancer, cavaler. Sans verbe, rien ne bouge.

Comme les moteurs qu'on entretient afin qu'ils continuent longtemps de propulser la voiture, il faut respecter les verbes. Ils ne doivent pas être mal-traités, ni assemblés n'importe comment...

ON VA DÉMARRER L'ÉMISSION
OU
L'INTRANSITIF INTRANSIGEANT

Jadis, sur RTL, alors que je présentais le fameux « Stop ou encore », j'eus le malheur d'annoncer : « Aujourd'hui, nous allons *démarrer* l'émission avec Eddy Mitchell. » Pendant que passait la superbe chanson *Sur la route de Memphis* de ce merveilleux artiste, on me fit signe : une auditrice voulait me parler. Je rechaussai mon casque. Hors antenne, elle me dit que le verbe *démarrer* étant intransitif, je n'aurais jamais dû dire *démarrer l'émission*. Elle m'expliqua : « Je suis maîtresse d'école et, si je vous dis cela, c'est pour votre bien. Si vous ne parlez pas correctement le français, vous n'irez pas loin, jeune homme ! » Elle s'appelait Louise. Sa voix et son ton m'enchantèrent. C'était il y a longtemps, mais je me rappelle encore qu'elle m'avait parlé comme à un enfant qu'on veut voir progresser.

La seule chose qu'on puisse démarrer, c'est un navire, car le verbe *démarrer* veut aussi dire retirer les amarres. Je *démarrerais* mon yacht ou mon hors-bord, si j'en avais un. Dans tous les autres cas, on ne *démarre* pas quelque chose, on *démarre* tout court. Rafael Nadal ne *démarre* pas un match de tennis, il *commence* une compétition. Cependant, on peut dire que les Internationaux de France ont *démarré*. On ne *démarre* pas un moteur, on le *fait démarrer.* Pour débuter, c'est pareil. On ne débute pas quelque chose. Un chanteur ne *débute* pas son tour de chant, il le *commence.* Un soliste qui apparaît pour la première fois devant le public, lui, *débute.*

Ils sont nombreux, ces verbes intransitifs auxquels nous accolons indûment un complément d'objet direct. Jean-Pierre Elkabbach, sur Europe 1, annonce : « Le Crédit Lyonnais et la Société Générale ont décidé de *fusionner* leurs activités d'acquisition. » Non, je regrette. Ces deux banques ont *fait fusionner* leurs activités, car on ne *fusionne* pas deux choses entre elles. On peut dire, en revanche, que deux entreprises vont *fusionner.*

LA MOITIÉ DES SOLDATS
EST REVENUE DE LA GUERRE
OU
LE SINGULIER PÉRILLEUX

En 2011, des guerres s'éternisent. Les pays occidentaux décident de retirer progressivement leurs forces de plusieurs champs de bataille. Sur une radio, un « consultant » déclare gravement : « La moitié des soldats de ce contingent est *revenue* d'Afghanistan. »

Mon français, j'en suis conscient, est celui que nous employons tous : il est loin de la perfection et sans doute serez-vous nombreux à détecter au fil même de ces pages des erreurs et des fautes. Cependant, cette phrase, « La moitié des soldats de ce contingent est *revenue* d'Afghanistan », je n'ai pas besoin de la tourner et retourner dans mon esprit pour savoir qu'elle est fautive.

Un jour, un auditeur m'a enguirlandé comme un arbre de Noël pour avoir expliqué à l'antenne : « La plupart des grands artistes américains se *produit* sur scène en *play-back*, c'est-à-dire en chantant sur des bandes préenregistrées. » « Vous croyez sans doute que le verbe, m'a-t-il dit, s'accorde automatiquement avec le sujet. Eh bien non, il s'accorde parfois avec le complément d'objet direct. Il fallait dire : la plupart des artistes *se produisent* sur scène, et non *se produit* sur scène. Le verbe s'accorde ici avec artistes, et non avec *la plupart*. »

Si l'on suit ce raisonnement, la phrase « La moitié des soldats de ce contingent *est* revenue d'Afghanistan » prend une tournure horrible, car elle laisse entendre que la moitié du corps de chaque soldat a été rapatriée. C'est pourquoi la formule correcte est : « La moitié des soldats de ce contingent sont revenus. »

« En ce jour de grève, la majorité des stations de métro *est* fermée » est semblablement absurde, car ce n'est pas *une* majorité qui est fermée (comment se ferme ou s'ouvre une majorité ? où est la serrure de la majorité ?), ce sont évidemment *les* stations de métro. Il faut dire : « la majorité des stations de métro *sont* fermées », et « la moitié des médicaments ne *servent* à rien », plutôt que, comme on l'a vu récemment dans la presse, « la moitié des médicaments ne *sert* à rien ».

LES FAUTES DE FRANÇAIS ? PLUS JAMAIS !

La majorité des Français, je l'espère, *sont* (et non *est*) exaspérés par cette faute de plus en plus fréquente.

Pourtant, à propos d'une colline consacrée au dieu Arès, j'ai écrit au début de cet ouvrage la phrase suivante : « Un groupe d'hommes intègres y *tenait* conseil, et *prenait* des décisions de justice. » Je n'ai pas écrit *tenaient* ni *prenaient* !

Certes, mais rappelez-vous que ce propos évoquait ce groupe (appelé l'*aréopage*) en tant que tel. C'est donc, ici, le groupe et non ceux qui le composent, qui *tient* conseil et qui *prend* une décision.

JE CONSIDÈRE
LA SITUATION DANGEREUSE
OU
LE JEU DE CONSTRUCTION DES VERBES

Dans un jeu que j'anime, le score d'un candidat monte en flèche. Le champion en titre, indéboulonnable depuis plusieurs semaines, risque de perdre sa couronne. Je m'exclame : « Je considère la situation dangereuse pour Jean-Michel ! »

« Je crois qu'on dit *considérer comme*, et pas *considérer tout court* », m'indique mon ami Gérard après l'enregistrement. Gérard, grand expert en vins, est aussi un homme de culture et ses avis m'importent. Le parrain de l'émission, qui édite des dictionnaires, en tient plusieurs à ma disposition dans ma loge. Je les feuillette et entreprends quelques recherches rapides sur les sites Internet devenus mon pain quotidien : la Banque de dépannage linguistique du

Québec, le *Trésor de la langue française*, et une série de blogs, parmi lesquels celui du pourfendeur de gens de médias, le contestable et toujours ronchonnant « Grincheux grave ».

De mes explorations, il découle qu'en effet, lorsqu'on veut dire « Je tiens ce réalisateur pour le meilleur de sa génération », « Je *le considère* le meilleur de sa génération » est incorrect ; il faut dire : « Je le considère *comme* le meilleur. » On ne dit pas : « Je *considère* cette tentative ratée », mais « Je *considère* cette tentative *comme* ratée ». « Nous considérons les personnes âgées *comme* prioritaires », et non « Nous *considérons* les personnes âgées prioritaires ».

La raison de cette règle tient au fait que *considérer* une chose, c'est aussi l'étudier, l'examiner, l'analyser, la regarder avec un attention vigilante et critique. La Banque de dépannage linguistique du Québec explique très clairement : « On doit dire *Je considère cet incident comme préoccupant* et non *Je considère cet incident préoccupant*, car on pourrait penser à tort que cela veut dire : *J'examine cet incident, qui est préoccupant*. »

*

Ainsi donc, les verbes commandent le bon ordre des mots qui les précèdent et les suivent. Je *considère comme* utile de réfléchir à leur construction…

Ajouter/Rajouter

Rajouter, c'est *ajouter* de nouveau. « Il y a déjà du sel dans le potage, inutile d'en *rajouter* », disent les cardiologues et les diététiciens. En revanche, si à la fin de ce livre, j'estime qu'il manque un chapitre, je vais *ajouter* ce chapitre à mon texte, et non le *rajouter*.

Attester

Attester, qui veut dire « certifier un fait », est transitif direct. J'ai la chance d'avoir gardé chez moi un dictionnaire de l'Académie française de 1935... Les immortels y *attestaient* qu'on *atteste* quelque chose : « Le curé a *attesté* qu'il les avait mariés. » « Il a *attesté* sous serment que l'action s'était passée ainsi. » « La chose est *attestée* par plus de cent personnes. » « Les monuments de cette ville *attestent* son ancienne splendeur. » « Ses larmes *attestent* son repentir. »

Cependant, on peut *attester de* quelque chose quand on précise à qui on l'atteste : « *Attester* le ciel *de* sa bonne foi. »

La règle générale prescrit donc qu'on dise *attester un fait*. Le glissement progressif vers *attester de* s'est sans doute produit par association d'idées avec *témoigner de* quelque chose.

Bâfrer

Bâfrer veut dire « manger gloutonnement et avec excès ». On employait autrefois ce mot sous la forme transitive directe : *bâfrer* quelque chose. On *bâfrait* des gâteaux. Léon Daudet écrit ainsi : « Le roi ne fait que roupiller et boulotter. Paraît qu'il *bâfre* cinq à six poulets par jour. »

Aujourd'hui, on *bâfre*, tout simplement, sans complément d'objet direct : « Ce goinfre passe son temps à *bâfrer*. » « Le drame des fêtes de fin d'année est que les gens *bâfrent* au lieu de se recueillir. »

Le *se bâfrer* qu'on voit fleurir çà et là n'a, lui, aucun sens. On ne *se bâfre* pas, on *bâfre*.

Convenir

Le Conseil supérieur de l'audiovisuel veille sur le respect de la langue française à la radio et à la télévision. Une note du CSA raconte qu'« un animateur de radio qui déclarait à son invité : « Nous *avions convenu* de… » s'entendit reprendre par l'un de ses confrères, en ces termes : « Vous *étiez convenus* de vous rencontrer ».

Lequel avait raison, et lequel avait tort ?

Quand on emploie *convenir* dans le sens de *plaire*, pas de doute, le verbe se construit avec l'auxiliaire *avoir*. « Ces idées révolutionnaires *m'ont convenu*, je les ai adoptées.» «La maison lui *a convenu* dès qu'elle y est entrée.»

En revanche, quand on veut exprimer que l'on s'est mis d'accord, mieux vaut dire *être convenu*. Le mot *convenu* est construit sur *con*, qui veut dire «ensemble» et sur le verbe *venir*. Au sens figuré, *convenir*, c'est *venir ensemble* à un accord, à une conclusion. De même qu'on dit *nous sommes venus*, et non *nous avons venu*, il est bon de dire *nous sommes convenus*. «Nous *sommes convenus* de parler correctement.» Par exemple : «Israël, les États-Unis et l'autorité palestinienne *sont convenus* de reprendre les négociations sur la Paix au Proche-Orient en décembre.»

La règle n'est pas toujours appliquée, puisque même un grand écrivain comme André Gide, entre autres, lui fait une entorse et écrit la phrase suivante : «J'*avais convenu* avec lui qu'au besoin je remettrais de quelques jours mon départ.»

Je m'efforcerai, quant à moi, de dire *lui et moi sommes convenus*, car on excuse plus volontiers un prix Nobel de littérature qu'un animateur de télévision.

Déblatérer

Déblatérer, c'est s'emporter verbalement contre quelque chose ou quelqu'un. *Déblatérer* est intransitif. La formule «Les élèves ont *déblatéré* leur professeur » est incorrecte. Il faut dire : « Les élèves ont *déblatéré contre* leur professeur ».

On peut aussi utiliser le verbe *déblatérer* sans lui adjoindre de complément. « Ils *déblatèrent* toute la journée. »

Départir (se)

Se départir signifie *se séparer*. Il a la même racine que *partir*, qu'on trouve aussi dans *partage*. Se *départir* de quelque chose, c'est s'en *séparer*. Et comme *partir* et *départir* sont proches, on les conjugue de la même manière. On ne dit pas, au présent, « il ne se *départit* pas de son calme olympien », mais « il ne se *départ* pas de son calme olympien ».

Enjoindre

« Eva Perón *enjoignit à* la foule *de s'apaiser* pour qu'elle pût entonner son célèbre *Don't cry for me Argentina.* » Elle vous paraît bizarre, cette phrase que je viens d'inventer en chantonnant l'air composé par Andrew Lloyd Webber. Elle est pourtant correcte. On enjoint − ce qui signifie « commander », « ordonner » − *à* quelqu'un (et non quelqu'un) de faire quelque chose.

On dirait, de la même manière, « Édouard Balladur *enjoignit à* ses partisans de se taire », « Le patron ne veut pas titulariser les employés en contrat à durée déterminée, le syndicat *lui enjoint de* le faire ». « Les trompettistes ont fait des couacs, le chef d'orchestre *leur* avait pourtant *enjoint de* jouer juste. »

Pallier

Pallier vient du latin *palliare*, qui lui-même dérive de *pallium*, « manteau ». *Pallier* une insuffisance, un défaut, une défaillance, c'est littéralement la *recouvrir* d'un manteau pour qu'elle ne se voie plus. On construit donc le verbe *pallier* avec un complément transitif direct : « Les ingénieurs ont *pallié* la fragilité du barrage en le renforçant par des tirants d'acier. » « La gentillesse de cet élève ne suffit pas à *pallier* son indiscipline. ». « Le commerçant *pallie* par des prix attractifs la faible diversité de ses produits. »

Pallier à ne devrait pas être employé. On ne *pallie pas à* un inconvénient, on *pallie un* inconvénient.

En revanche, on peut *suppléer à* un manque ou à une insuffisance : « L'importation de riz *supplée à* la baisse de la production locale. »

Partir/Repartir

On part pas *à*, on part *pour*, le *pour* traduisant mieux l'idée d'un déplacement. Vous ne dites pas non plus que vous êtes *en partance à* Perpignan, mais que vous êtes *en partance pour* Perpignan.

Et attention ! Quand on recommence sa vie, on repart *de* zéro, et non pas *à* zéro.

Piquer (se)

De même que *taxer*, nous l'avons vu plus haut, doit être suivi d'un substantif (on *taxe* quelqu'un d'incompétence, on ne le *taxe* pas d'incompétent), l'expression *se piquer de* s'accompagne d'un nom ou d'un verbe à l'infinitif. La journaliste qui écrit « Après le café et le riz, c'est la musique qui *se pique* d'équitable » se trompe. Il faut dire « qui *se pique* d'équité ».

Se piquer de signifie se prévaloir de, se vanter de compétences particulières dans un domaine ou dans un autre. « Il *se pique de* poésie. » « Elle *se pique de* savoir danser la rumba. » En cherchant sur Internet l'histoire de l'expression *se piquer de*, je suis tombé sur cette annonce : « Christophe V. *se pique de* chasser guêpes et frelons de vos habitations. » Tout un poème.

Rappelons-nous aussi les paroles de la chanson qu'écrivit Jacques Lanzmann pour Jacques Dutronc :

> *Le monde entier est un cactus*
> *Il est impossible de s'asseoir*
> *Dans la vie, il y a qu'des cactus*
> *Moi je me pique de le savoir*
> *Aïe aïe aïe, ouille, aïe aïe aïe*

Préférer

On préfère une chose *à* une autre. La règle ne souffre pas d'exception.

Quand France Info nous indique, à propos d'une conférence internationale sur le climat, que Barack Obama « a préféré revenir les mains vides *qu'avec* un accord vide de sens », la station de radio commet une faute grave. Il faudrait dire, à la lettre, que Barack Obama « a préféré revenir les mains vides à revenir avec un accord vide de sens ». Ou, plus clairement : « Barack Obama a préféré une absence d'accord *à* un accord vide de sens. » De la même façon, on dira « Je *préfère* les pamplemousses *aux* oranges » et non « Je *préfère* les pamplemousses *que* les oranges ». « Le report d'un vol est préférable *à* son annulation » est acceptable, alors que « le report d'un vol est préférable *que* son annulation » ne l'est pas. Pour suivre le verbe *préférer*, je *préfère à* à *que* ! Si vous tenez au *que*, rien ne vous empêche de dire : « J'aime mieux ceci que cela. »

Un ami, Frédéric L., a relu les pages que vous avez sous les yeux avant que je ne les remette à l'éditeur. Arrivé au paragraphe qui précède, il vint me voir et me demanda : « – Julien, ne tends-tu pas au lecteur un bâton avec lequel il pourrait te battre ? – Que veux-tu dire ? – En 1980, tu as été complice de la faute que tu dénonces. »

Comme je demeure coi, Frédéric me tend les paroles de *Pour le plaisir*, chanson interprétée par Herbert Léonard, dont j'ai composé la musique :

> Ne *plus courber le dos*
> *Même pour réussir*
> *Préférer être bien dans sa peau que sourire*
> *Sur commande*
> *Avoir pendant des mois*
> *Trimé comme un fou*
> *Et un soir tout claquer d'un seul coup.*

Je me rends alors compte que nous avons vendu deux millions et demi d'un disque sur lequel figure un fâcheux « *Préférer* être bien dans sa peau *que* sourire » ! Je pourrais me retrancher derrière les auteurs, que j'aime de tout mon cœur, mais j'assume l'erreur. Je l'ai tellement entendu glisser sur l'ivoire de mon clavier, ce *préférer que* ! À la longue, il ne m'a plus choqué. Ainsi vont les fautes de français : elles prospèrent sur le terreau de notre accoutumance.

Privilégier

« George Clooney *privilégie* Obama aux Oscars », nous fait savoir une gazette people pour indiquer qu'entre une réunion préparatoire à la cérémonie des Oscars et l'investiture du président des États-Unis, l'acteur avait choisi la seconde.

Les mêmes qui disent *préférer que* au lieu de *préférer à* semblent s'inspirer de cette formule pour l'appliquer incorrectement à *privilégier.* Car on ne *privilégie* pas une chose *à* une autre, comme on l'entend désormais si souvent, mais on *privilégie* une chose *par rapport à* une autre.

Il aurait fallu choisir : soit dire que George Clooney *préférait* l'investiture de Barack Obama *à* la cérémonie des Oscars, soit qu'il *privilégiait* la première *par rapport à* la seconde.

Rappeler (se)/Souvenir (se)

Un grand classique. De quoi qu'il s'agisse, on ne *s'en* rappelle pas, on se *le* rappelle. Je me *rappelle* le temps de mon enfance. Je me *rappelle* ce jour où tu m'as embrassé. On se *rappelle* toujours les bons souvenirs mieux que les mauvais.

En revanche, si on se *rappelle* quelque chose, on se souvient *de* quelque chose. Je me souviens *de* mon enfance. Je me souviens *de* la couleur de la mer ce jour-là. On se souvient *des* bons moments.

Rentrer/Entrer

« J'étais très ému en rentrant dans l'avion pour mon baptême de l'air », affirme cet homme. Si c'est son baptême de l'air, c'est qu'en principe il n'est jamais *entré* dans l'avion dont il parle. Or, *rentrer*, c'est entrer de nouveau. Il aurait donc dû dire qu'il tremblait en *entrant* dans l'appareil.

De la même manière, le jour de la rentrée des classes, un enfant ne *rentre* pas à la maternelle, il y *entre*. Le lendemain, il pourra *rentrer* dans son école, puisqu'il y sera déjà *entré* une fois.

Réouvrir

Contrairement à *rouvrir*, le verbe *réouvrir* n'existe pas. Sans doute a-t-il été inventé par ceux que la première syllabe du mot *réouverture* a influencés. On procède à la réouverture de son magasin après les vacances : on *rouvre* son magasin. On dit qu'une plaie s'est *rouverte*, et non pas *réouverte*.

Ressortir

Ressortir signifie dans un cas « sortir de nouveau », et dans l'autre, « être du ressort de ». S'agit-il du même verbe ? Pas du tout, et selon le cas, la construction n'en est pas la même. C'est un piège classique, dans lequel le *Bescherelle* (ouvrage ainsi intitulé en hommage à un grammairien et lexicographe du XIXe siècle, Louis-Nicolas Bescherelle) nous évite de tomber :

« D'un côté vous avez *ressortir*, du 3ᵉ groupe (nous *ressortons*, en *ressortant*) : c'est *sortir*, assorti du préfixe *re-*, qui marque la répétition.

« De l'autre côté, vous avez *ressortir*, mais du 2ᵉ groupe (nous *ressortissons*, les *ressortissants*). »

Dans le premier cas, *ressortir* se conjugue comme *sortir* ; dans le deuxième, il se conjugue comme *finir*, ou comme *assortir*. « Je *sortis* donc de la réunion, qui ne *ressortissait* pas de ma compétence. »

Savoir gré

Le *gré*, mot devenu rare, désigne ce qui plaît, satisfait ou inspire l'assentiment. On le retrouve dans a*gré*able, a*gré*ment, a*gré*er, à votre *gré*, de mon plein *gré*, de *gré* ou de force. Si une chose n'est pas à votre goût, vous êtes en droit de mau*gré*er.

Gré signifie aussi gratitude, reconnaissance. Dans savoir *gré*, le verbe savoir indique la conscience qu'on a de cette gratitude.

On doit donc dire « Je vous *sais gré* », et non « Je vous *suis gré* », qui n'a aucun sens. « Je vous *saurais gré* de répondre à la question posée dans le délai imparti. » « Je saurai désormais employer l'expression *savoir gré*, et je vous *saurai gré* d'avoir éclairé ma lanterne sur son sens. »

APRÈS QU'IL AIT PLU
OU
LE SUBJONCTIF INUTILE

« Mon nom vient d'un mot latin qui veut dire "sol", "terre". Je suis formé par la décomposition de débris organiques et notamment végétaux. Je contribue à la fertilité des sols. Je suis…
– L'humus, lance un candidat bien inspiré.
– C'est bien l'humus ! Ma-gni-fi-que ! Martine emporte ce match haut la main ! C'était bien l'*humus* ! Terre brune noirâtre provenant de la décomposition de débris végétaux ou animaux dans le sol et qui contribue à sa fertilité. Bravo, Martine, vous avez gagné ! Après qu'il ait plu, j'aime l'odeur de l'humus sur la campagne ! »

Pourquoi ai-je cru devoir donner cette précision sur l'odeur de l'humus ? Elle a provoqué un beau tollé (un cri collectif de protestation). « On ne dit

329

pas *après qu'il ait plu*, mais *après qu'il a plu*!», m'écrit Jules, de Vitry-sur-Seine. «Vous n'en loupez pas une, m'invective Marie-Jeanne, de Cambo, dans les Pyrénées-Atlantiques, vous n'utilisez pas de verbe au subjonctif quand il en faudrait un, et vous en glissez un quand il n'en faut pas!»

Je sais, à présent, pourquoi ce *après qu'il ait plu* a tant choqué mes correspondants, et je vais vous l'expliquer...

On peut trouver les différentes formes de subjonctif surannées ou inutiles. Dans ce cas, il serait logique de n'en plus faire usage. Mais le pire est d'utiliser, comme je le fis après ma question sur l'humus, ce temps à mauvais escient.

Lors du journal télévisé, David Pujadas nous parle de «ces deux adolescents plongés dans un coma éthylique *après qu'*un propriétaire de bar leur *ait* servi de l'alcool».

Le subjonctif exprime l'univers des possibles, des hypothèses, de l'inaccompli. C'est pourquoi *après que* est toujours suivi de l'indicatif qui, lui, décrit le monde du réel, de l'abouti. Puisque l'on se situe *après que*, on sait ce qui s'est accompli. Le doute n'est plus permis. Le patron de bar dont parle l'ami Pujadas a effectivement servi de l'alcool à deux jeunes. L'indicatif s'impose et David aurait dû dire: «Après qu'un propriétaire de bar leur *a* servi de l'alcool.»

De même, j'aurais dû énoncer *après qu'il a plu* et non *après qu'il ait plu*.

Au passé, on utilise également l'indicatif, et non le subjonctif: «Il était dangereux de tenter de monter dans le train après qu'il *eut* démarré. En voulant le faire, elle se cassa le col du fémur.» Il faut noter que «eut démarré» est ce temps de l'indicatif qu'on appelle le passé antérieur. On ne dit pas «après qu'il *eût* démarré», ce qui serait un subjonctif.

SI J'AURAIS SU
OU
SISSI N'A PAS DE FUTUR

Quand un humoriste veut prêter à un personnage les traits et le parler d'un ignare, il lui fait dire : « Si j'aurais su, j'aurais pas venu ! » Nous jugeons cette faute assez grossière pour en rire, et nous oublions de voir le mauvais choix que nous faisons, si souvent, des temps qui suivent la conjonction *si*...

« *Si* François Mitterrand et Jacques Chirac *auront* tenu d'une main de fer radios et télévisions, jamais on n'aura atteint un tel degré de mépris, de désinvolture et de violence », explique un chroniqueur de *L'Express*.

Le gouvernement veut installer des cabines photographiques dans les mairies. « Si la photographie prise en mairie sera gratuite, explique *Le Monde*, l'État s'est engagé à verser 3 250 € par an aux municipalités sélectionnées. »

J'entends enfin, sur Europe 1 : « Le champion de natation Alain Bernard est devenu gendarme, même *si vous ne le verrez* pas au bord des routes faire des contrôles d'alcoolémie. »

Pourquoi ces phrases sonnent-elles comme un charabia à nos oreilles ? Nous sentons bien qu'elles ont toutes quelque chose de travers. Mais quoi ? Réfléchissons : le mot *si* annonce la plupart du temps quelque chose d'hypothétique, un événement dont nous ne sommes pas sûrs qu'il se produise. *Si* ne peut donc pas être suivi d'un futur, temps de l'indicatif qui signale, lui, une chose destinée à vraiment s'accomplir. *Il fera beau* signifie qu'il fera beau : je le sais car j'ai regardé le bulletin météorologique. C'est pour moi une certitude. Je ne peux donc pas dire *s'il fera beau*.

Dans les deux dernières phrases qui précèdent, il aurait fallu dire ou écrire : « Si la photographie prise en mairie *devient* gratuite… » et « … même *si vous ne le voyez* pas au bord des routes faire des contrôles d'alcoolémie ».

Quant à la phrase : « Si François Mitterrand et Jacques Chirac *auront* tenu d'une main de fer… », elle utilise un si non hypothétique, qui sert à marquer la validité simultanée de deux faits. Donc ni le futur simple ni le futur antérieur ne sont acceptables. On aurait dû écrire : « Si François Mitterrand et Jacques Chirac *ont* tenu d'une main de fer ».

LA PEINE
QUE LE PROCUREUR A REQUIS
OU
LE PARTICIPE EST PASSÉ PAR LÀ

Je n'entends pas ici me lancer dans un cours sur le bon usage des participes passés. Je sens que le seul fait de le mentionner fait glisser ce livre de vos genoux. Je ne voudrais pas l'entendre chuter à terre. Mais tout de même...

Pourquoi a-t-il tort, ce journaliste qui nous parle de « la peine que le procureur a *requis* » au lieu de « la peine que le procureur a *requise* » ? Tout simplement parce qu'avec le verbe *avoir*, le participe passé s'accorde avec le complément d'objet direct si celui-ci est placé *avant* le verbe. Ici, *la peine* est placée *avant* le verbe *requérir*. Donc, il faut dire

335

requise. Si le complément d'objet direct était placé *après* le verbe, le participe ne s'accorderait pas : « Le procureur a *requis* une peine. »

Avec le verbe *être*, le participe s'accorde toujours avec le sujet : « Elles sont déjà fatiguées d'entendre le rappel de ces règles. » *Fatiguées* s'accorde avec *elles.*

Les cas particuliers sont, je l'admets, assez exaspérants.

Faire

« Elle s'est fait couper les cheveux. » « Elle s'est faite couper les cheveux. »

La bonne formulation est la première. Ici *fait* est invariable. « Elle s'est *fait* arrêter par la police car elle roulait trop vite. »

Laisser, voir, entendre

« Elle s'est *laissé* faire. » « Elle s'est *laissée* faire. »

Dans ce cas, « Elle s'est *laissé* faire » est la forme juste. Avec *laissé*, l'accord ne se fait pas si le sujet est passif. Les moutons se sont *laissé* tondre la laine sur le dos. » « Elle s'est *laissé* soigner. » Si nous sommes le sujet actif de la phrase, au contraire, nous dirons : « Nous les avons *laissés* se faire tondre la laine sur le dos. » L'accord se fait. Comme dans « Elle s'est *laissée* mourir. »

Le principe est le même avec *voir* et *entendre* : « Les feux d'artifice que nous avons *vu* tirer au-dessus du Danube par les meilleurs artificiers du monde » diffère de « Les feux d'artifice que nous avons *vus* ». En effet, dans le premier cas, les feux d'artifice sont passifs, ils ne se tirent pas eux-mêmes : ce sont les artificiers qui tirent le feu d'artifice. Dans le second, les feux d'artifice sont complément d'objet direct et c'est nous qui les avons *vus*.

Dans le même esprit, on va dire « les musiciens que nous avons *entendus* jouer, car ce sont bien les musiciens qui jouent. Mais on dira « les musiciens que j'ai *entendu* applaudir », car ce ne sont pas eux qui applaudissent.

7

LES ADVERBES :
ATTENTION, POIDS LOURDS

Les adverbes sont les *rikishi* de la langue française (un *rikishi* est un lutteur de sumo, qui métabolise près de dix mille calories par jour, soit l'équivalent d'une quarantaine de hamburgers). Notons au passage que *rikishi* est plus juste que *sumotori*.

Les adverbes rendent la phrase obèse et mes professeurs de droit me conseillaient de les éviter car ils la rendent aussi moins précise et moins percutante.

IL A QUASIMENT GAGNÉ !
OU
LES ADVERBES SUPERFLUS

L'un des champions du jeu est en péril. Son challenger (oui, souvenez-vous, je tiens *challenger* pour un mot français, je m'en suis expliqué plus haut) est à deux doigts de l'emporter. Je m'exclame : « René a *quasiment* gagné ! »

Quelle erreur ! Dix lettres sur mon bureau, le lendemain matin. Toutes entonnent le même refrain, dont Lysiane M., de Talmont-Saint-Hilaire, en Vendée, donne le *la* : « N'en ajoutez pas, et n'en rajoutez pas ensuite, monsieur Lepers ! *Quasi* est déjà un adverbe qui veut dire *presque*. *Quasiment* ajoute de la lourdeur à *quasi*, sans lui donner un supplément de sens. *Quasiment* n'est qu'un adverbe au carré. Contentez-vous de *quasi* ! »

Lysiane, j'ai fait quelques recherches, desquelles il

résulte que Balzac aussi bien que Zola, par exemple, ont à l'occasion utilisé *quasiment*. Cependant, de nombreux écrivains et la plupart des linguistes professent une opinion semblable à la vôtre. J'aurais donc dû encourager René en m'écriant : « René a *quasi* gagné ! », ou, si j'avais fait le choix toujours bienvenu de la simplicité : « René a *presque* gagné ! »

Nous tendons à abuser des adverbes, qui empâtent notre discours. Un professeur des écoles de Bourgoin-Jallieu, dans l'Isère, m'en propose la preuve suivante…

« Prenez cette phrase : *Il cheminait lentement dans la forêt, écoutant attentivement les oiseaux qui chantaient allègrement.* Supprimez tous les adverbes. Vous obtiendrez : *Il cheminait dans la forêt avec lenteur. Son attention captait le chant allègre des oiseaux.* La phrase n'est-elle pas devenue plus légère, plus fluide ? N'entendez-vous pas, mieux que dans la précédente, les oiseaux gazouiller dans les ramures ? »

Nous souffrons d'une dépendance aux adverbes. Ces derniers sont malins, car ils se font passer pour supérieurs. Le gros *véritablement* paraît plus crédible que le maigrichon *vraiment*. Le mastodonte *ab-so-lu-ment* ne pèse-t-il pas plus lourd dans une conversation que le rachitique *oui* ? La terminaison *ement*, flatteuse pour leur ego, enfle les mots comme des poissons-ballons.

ALLEZ-Y DOUCEMENT
OU
LE MIC-MAC DES ADVERBES

C'est Guy P., de Salviac, dans le Lot, qui m'écrit aujourd'hui.

« Cher Julien,

Pour employer vos expressions plus que favorites, car à force de les dire depuis tant d'années, elles soûlent nos oreilles, c'est pour moi *le moment ou jamais* de vous adresser un *grand bonsoir* ou un *immense bonsoir* et de vous demander d'*augmenter le volume du son de votre téléviseur* (et non *augmenter le son*) pour écouter le message suivant...

Vos fautes de français deviennent insupportables tant elles sont répétitives. Je ne prends qu'un exemple. Comme beaucoup de Français, vous confondez *lentement* et *doucement*. Or, *lentement* est le contraire de *vite*. *Doucement* est le contraire de *fort*. »

Cher Guy, vous avez bien raison. Je me rappellerai vos conseils et tâcherai, à l'avenir, de ne plus offenser vos oreilles. En attendant, souffrez que je vous adresse *un grand, un immense* merci !

Je ne suis pas le seul à faire un mauvais usage des adverbes. Par exemple, on entend souvent un *simplement* là où devrait se trouver un *seulement*. « Il fera *simplement* trois degrés à Bordeaux, explique le Monsieur Météo d'Europe 1, alors qu'on observera des températures plus élevées au nord de la Loire. » « Le taux de rémunération du livret A est *simplement* de 2 %, ce qui rend l'assurance vie plus avantageuse pour l'épargnant », nous explique un éditorialiste de la presse financière. Non : « Il fera *seulement* trois degrés à Bordeaux », et « le taux de rémunération du livret A est de 2 % *seulement* ». *Simplement* et *seulement* ne sont pas synonymes.

LA POLÉMIQUE
N'EST PAS PRÊTE DE RETOMBER
OU
ADVERBES ET ADJECTIFS :
LE GRAND COMBAT

« Sur la question du voile islamique, la polémique ne semble pas *prête de* retomber », entends-je à la radio… Quelques instants plus tard, je lis dans mon journal : « Roman Polanski n'est pas *prêt d'*être libre. » La meute hostile des adjectifs vient de faire un mort : la locution adverbiale *près de*.

Au début de sa carrière, explique une chroniqueuse de « Télématin », le dessinateur Kiraz arrive à Paris et découvre les femmes légères et *courtes* vêtues. Un mort de plus : *court*.

« Ma femme est *fine* prête pour le départ », dit dans un documentaire une célébrité qu'on voit s'habiller pour se rendre à un dîner de gala. Tant pis pour le *fin* de rigueur.

« *Quelques* mille habitants ont été intoxiqués » : encore une victime : *quelque*.

Être *près de* signifie être « sur le point de » ou, plus familièrement, « être à deux doigts de ». « Les voleurs étaient *près de* se faire attraper par la police. » « L'alpiniste a fait une chute, il était *près de* mourir. » « Cette femme était *près de* devenir sénatrice, il ne lui a manqué que quelques voix. » *Près* est un adverbe, invariable.

Être *prêt à*, en revanche, signifie qu'on s'est préparé à faire ou à accepter quelque chose. Si je suis *prêt à* partir en vacances, cela sous-entend que mes valises sont déjà posées sur le seuil, que j'ai coupé l'électricité et que le taxi m'attend dans la rue pour me conduire à l'aéroport. *Prêt* est un adjectif, qui varie selon l'accord : il est *prêt à*, elle est *prête à*.

« Sur la question du voile islamique, la polémique ne semble pas *près de* retomber » et « Roman Polanski n'est pas *près d'*être libre » auraient été mieux formulés.

Un adjectif peut parfois s'employer comme adverbe. Reconnaissons que c'est trompeur. De plus, la confusion entre l'adjectif et l'adverbe saute aux yeux, car le second est invariable, alors que le premier s'accorde avec le nom qu'il accompagne.

Court peut signifier *courtement*. Une femme est par exemple *courtement vêtue*. Donc invariablement *court vêtue* et non *courte vêtue*.

De même, une femme peut se tenir *fin* prête, c'est-à-dire *tout à fait* prête. Dans ce cas, *fin* ne saurait devenir *fine*.

Un *nouveau-né* est un bébé *nouvellement* né. *Nouveau* prend la valeur d'un adverbe invariable. Bien que l'usage tende à imposer *des nouveaux-nés*, *des nouveau-nés* – avec un *nouveau* invariable – est la forme correcte.

Quand *quelque* est employé comme adverbe, signifiant *approximativement*, il est invariable. Peu importe qu'on évoque un habitant, dix ou mille, on parlera toujours de *quelque mille habitants*.

Quand nous disons que nous allons éviter le plus de fautes *possible*, *possible* s'emploie comme un adverbe, invariable et donc sans *s*. Il en est de même pour « Nous choisissons les chemins les plus courts *possible* », et non « Les chemins les plus courts *possibles* ».

8

OÙ, QUAND ?

Pour exprimer d'où nous venons, où nous sommes et où nous allons, la langue française nous offre un vocabulaire précis. C'est notre GPS linguistique (GPS: *Global Positioning System*, Système de positionnement mondial).

Il faut veiller à ne pas le fausser car un mot mal employé peut nous égarer. Pour vous aider à retrouver votre chemin dans le dédale des fautes de français, j'ai composé le lexique qui suit...

JE SUIS SUR PARIS
OU
LE SUR N'EST PAS CERTAIN

Elle m'horripile, cette faute si souvent commise.
Ce jour-là, j'interroge un candidat à « Questions
pour un champion » sur sa profession. « Je suis VRP
sur la région de Lyon », me répond-il. VRP : voyageur représentant placier (on disait jadis, plus simplement, représentant de commerce). Pourquoi *sur*
la région de Lyon et pas *dans* la région de Lyon ?

Une jeune femme, à qui je demande où elle vit,
me répond : « Je vis et je travaille *sur* Brie-Comte-
Robert. » Au téléphone, un ami m'annonce qu'il sera
sur Nice le lendemain, et que nous pourrons nous y
retrouver. Pourquoi l'une et l'autre dédaignent-ils le
à qui devrait précéder Brie-Comte-Robert ou Nice ?

Le Larousse, qui ne quitte pas ma loge, me
donne la définition de *sur* : « Préfixe indiquant une

355

supériorité dans l'espace, le temps, la hiérarchie, le degré ou la qualité. » Dans l'espace, *sur* veut donc dire *au-dessus de*. Mon VRP plane-t-il *au-dessus* de la région de Lyon ? Ma candidate m'a dit travailler *sur* Brie-Comte-Robert : dois-je supposer qu'elle écrit l'histoire de sa ville ? Et mon visiteur se fera-t-il parachuter *sur* Nice en planeur ?

Maurice Druon, qui fut Secrétaire perpétuel de l'Académie française, écrivait : « Cette pauvre préposition *sur* est harassée. On la met à toutes les sauces. Elle nous vient après plusieurs avatars du latin *super*, *supra*. On l'a chargée au fil du temps de bien des sens, propres ou figurés, matériels ou abstraits. Mais pourquoi lui impose-t-on, de surcroît, d'exprimer des indications qui ne comportent nulle notion de position, de supériorité ou de domination ? Il y a là un abus qui devient un tic. Soyons sur nos gardes pour n'y pas céder. »

À BÉBERT ET CHEZ CARREFOUR
OU
SAVOIR OÙ ON VA

Quand j'étais enfant, ma mère me morigénait : on ne dit pas aller *au* coiffeur, me disait-elle, mais *chez* le coiffeur. La faute était commune à l'époque. Je ne crois pas qu'elle le soit toujours autant. Il m'arrive pourtant d'entendre, encore aujourd'hui, un *aller au* garagiste ou un *aller à* l'esthéticienne assez malvenus.

On ne va pas non plus *au* boulanger, *au* fleuriste, *à* l'agent de voyage ou au médecin, mais chez le boulanger, chez le fleuriste, chez l'agent de voyage ou chez le médecin. *Chez* s'impose plus facilement si nous connaissons le nom de ces commerçants et praticiens : si j'achète ma viande à la boucherie Dumoulin, je ne dirai plus que je vais *à* la boucherie, mais *chez* Dumoulin. Si mon agence de

357

voyage est Pierre Passepartout, j'annoncerai : « Je vais *chez* Passepartout. » Si je m'approvisionne en fleurs à la boutique Violette Lafleur, il me sera plus facile de dire : « Je vais *chez* Lafleur. » Il semble tout naturel d'aller *chez* Bébert, qui tient la brasserie du même nom sur la place de la Gare. La même logique s'applique aux grandes enseignes. On fait précéder de *chez* celles qui évoquent le nom d'un fondateur ou d'une personne réelle : aller *chez* Leclerc, *chez* Lenôtre. En revanche, on dira aller *à* Carrefour ou *à* la FNAC, de même qu'on dirait *à* la SNCF, *à* la BNP ou *à* la Poste.

EN AVIGNON
OU
DÉTOURS PROVENÇAUX

«Je vais *en* Argenteuil. Je séjourne *en* Aulnay-sous-Bois. Je travaille *en* Arras.» Quiconque prononcerait ces mots ferait rire de lui. D'où vient que les Parisiens qui se rendent *en* Avignon ou *en* Arles ne déclenchent pas de semblables risées? Même le site de la mairie d'Avignon indique qu'il faut dire *à* Avignon et non *en* Avignon.

En revanche, le *en* est permis si l'on veut exprimer qu'il ne s'agit pas de la ville d'Avignon mais de sa région, *en Avignon* devenant l'équivalent de *en Avignonnais*, comme on dirait *en Bordelais*.

Sur le site *languefrancaise.net*, j'ai trouvé intéressantes ces remarques d'une Provençale qui y publie sous le pseudonyme de Perkele:

359

« Moi qui suis native d'Avignon, et qui ai une tante originaire d'Arles, je puis vous affirmer qu'il n'y a que les snobs qui vont *en…* Avignon, Arles, etc. Le provençal dit *Vau à-n-Avignoun* ; ce n'est pas du français, et, comme vous pouvez le voir, il ne s'agit pas de la préposition *en*, mais *à*, reliée à *Avignoun* par un *n* euphonique.

« Mistral a employé *en Avignon* lorsqu'il a écrit en français, mais pour ce qui le concerne, il s'agissait d'étaler ses opinions antirépublicaines en soulignant les anciens statuts princiers des villes qui, comme Avignon, ont été un jour, au-delà de leurs murailles, le siège d'une principauté, d'un duché ou d'un marquisat. On ne va cependant pas *en* Uzès, *en* Orange ou *en* Carcassonne. »

AU NORD DE LA FRANCE
OU
LE SENS DE L'ORIENTATION

« Mon nom est Sandra, et j'appelle de Baldenheim, me dit un jour une auditrice de RTL.

– Où se trouve Baldenheim ? demandai-je.

– C'est à l'est de la France. »

Quelques instants plus tard, un enseignant téléphona à son tour :

« Sandra se trompe, dit-il. Baldenheim, dans le Bas-Rhin, se trouve dans l'Est de la France.

– Oui, c'est bien ce qu'elle a dit. L'Est de la France.

– À l'est *de* la France, on trouve l'Allemagne. Baldenheim est situé *dans* l'Est de la France ! »

Ce professeur avait raison. De même, la Catalogne n'est pas *à* l'est de l'Espagne, mais *dans* l'Est de l'Espagne. En revanche, l'Argentine est *au* sud du Brésil.

Les mots ont un sens. C'est parfois celui de l'orientation…

Par exemple, les journalistes situent souvent l'endroit où ils se trouvent par la formule : « Je vous appelle *depuis* Berlin. » Ils devraient dire *de* Berlin, car *depuis* désigne le temps passé. « J'essaie de vous appeler *depuis* une heure », nous comprenons bien ce que cela signifie : soixante minutes se sont écoulées. Mais *depuis* Berlin : combien de minutes, combien de secondes ? Il est vrai qu'on peut exprimer l'écoulement du temps en faisant appel à des notions géographiques et dire, aussi bien, « nous avons fait un voyage *de* San Francisco *à* San Diego » et « nous avons fait un voyage *depuis* San Francisco *jusqu'à* San Diego ».

En revanche, il faut à tout prix éviter de dire : « Je vous parle *depuis* Londres, *depuis* un poste fixe », « Eva Perón s'adresse à la foule *depuis* le balcon de la Casa Rosada », ou « Appelez-moi *depuis* Bangkok ». Préférez : « *de* Londres, *d'un* poste », « *du* balcon de la Casa Rosada » ou « *de* Bangkok ».

CETTE ANNÉE-LÀ
OU
LE BON TEMPS

Les années 81

« Julien, tu as composé *Pour le plaisir* dans les années 81 », me dit ce cher ami qui anime alors, tous les dimanches, une émission de variétés.

Nous disons tous cela : les années 69, les années 77, 83 ou 98 !

Pourtant, dirait Gainsbourg, il n'y eut hélas qu'une seule année 69. Et de même, une seule année 77, 83 ou 98.

On ne peut donc parler que des années 1970, 1980, 1990, etc., pour évoquer une décennie dans son entier.

À noter, il ne faut pas confondre *décennie*, un groupe de dix années, et une *décade*, période de dix jours.

Autre précision nécessaire : avant le changement de siècle, il était aussi correct de dire les années 70, 80 ou 90. Depuis, la règle veut qu'on précise 1970, 1980, etc., pour ne pas créer de confusion. Car la décennie 2020-2030, qui ne tardera pas à arriver, sera aussi celle des années 20 !

Décennie

Je viens de parler de *décennie*. *Libération* titra le 1ᵉʳ janvier 2000 : « Le *Libé* de la décennie : les dix premières années du millénaire ». C'est une erreur fréquemment commise.

La première *décennie* du siècle n'a pas commencé en janvier 2000, mais en janvier 2001. De même, le troisième millénaire n'a pas commencé en 2000 mais en 2001. Après tout, quand on compte, on commence à un, et non à zéro. L'année 2000 était la dernière d'une décennie commencée en 1991, et 2000, la dernière année du XXᵉ siècle, lui-même commencé le 1ᵉʳ janvier 1901.

Rappelons au passage que le mot *décennie* couvre une période de dix ans, et une *décade*, une période de dix jours !

Commémorer

J'entends dire qu'on *commémore* l'anniversaire de la naissance de Charles de Gaulle, celui de la bataille d'Austerlitz ou celui du premier but de Zinedine Zidane…

Mon détecteur de fausses notes vibre aussitôt !

Qu'on commémore une victoire, je l'entends bien. Mais pourquoi commémorer l'anniversaire d'une victoire ? Ce serait *commémorer* une *commémoration*. *Commémorer* : marquer le souvenir de quelque chose. On *célèbre* l'anniversaire de cette chose, ou on la *commémore*. Mais on ne commémore pas l'anniversaire.

Premier anniversaire

À propos d'anniversaire, le jeune animateur qui présente l'émission sur le Loto annonce ce soir qu'une cagnotte permettra aux gagnants de célébrer dignement « *les* un mois de la nouvelle formule » du tirage au sort de la Française des Jeux. En dessous de deux unités, mieux vaut dire « le premier mois » ou « la première année » !

9

PLEIN DE FAUTES
OU
LE PARLER RELÂCHÉ

« Votre livre nous évitera plein de fautes de français ! » s'exclament gentiment des amis qui viennent de feuilleter mon manuscrit. Tant mieux pour eux car ils viennent d'en commettre deux dans la même phrase. On ne dit pas *plein* de, mais *beaucoup* de, ou *bien des*. J'espère que ce livre leur *épargnera*, et non leur *évitera*, des fautes de français. En effet, on *évite* des désagréments, un piège ou un nid-de-poule. C'est un usage transitif direct. En revanche, on n'*évite* pas une difficulté *à* quelqu'un (usage transitif indirect) : on la lui *épargne*.

Ce ne sont pas des fautes graves et je n'y accorde guère d'importance. Elles se produisent quand nous n'avons pas bénéficié d'une initiation correcte à la langue française, ou quand nous baissons notre garde. Un instant d'inattention, un moment de relâchement, et elles font irruption dans la conversation. La plupart d'entre elles relèvent de ce que les dictionnaires appellent le langage familier ou populaire. Je ne les tiens pas pour des crimes, vous l'avez compris, car je respecte ce qui est, précisément, populaire.

Sans sermons ni blâmes, j'ai établi ici une liste simplifiée de ces fautes dont on fait généralement, sans qu'elles en vaillent la peine, toute une histoire.

JE M'EXCUSE
OU
LES DERNIÈRES ÉCORCHURES

Avoir besoin

On ne dit pas « ce *que* j'ai besoin », mais « ce *dont* j'ai besoin ». On a besoin *d'*une chose. « Le formulaire *dont* j'ai besoin », et non « Le formulaire *que* j'ai besoin ».

Contredire

On ne dit pas « Vous me *contredites* » mais « Vous me *contredisez* ». Alors, pourquoi avons-nous appris à l'école que « Vous *dites* » est correct alors que « Vous *disez* » ne l'est pas ? C'est tout simplement une de ces exceptions qui nous font apparaître la langue française comme une beauté empêtrée dans ses contradictions.

Croire : « Ils croivent/Ils croyent/Ils croillent/Ils voyent »

Non. Je crois, tu crois, il ou elle croit, nous croyons, vous croyez, ils ou elles croient.

Et je vois, tu vois, il ou elle voit, nous voyons, vous voyez, ils ou elles voient.

En moto

En induit l'idée de à *l'intérieur*. On dit *en* voiture parce qu'on peut entrer *dans* une automobile. Ce n'est pas le cas d'un cheval, d'un scooter ou d'une moto. Dans les trois derniers cas, on dit donc *à* cheval, *à* scooter ou *à* moto.

Excuse : « Je m'excuse »

Il est plus courtois de dire « Excusez-moi » que « Je m'excuse », formule qui suppose qu'on s'excuse soi-même.

Faute : « Ce n'est pas *de* ma faute »

Préférez : « Ce n'est pas ma faute. »

Grâce/À cause de

On utilise *grâce à* pour une chose ou un événement positifs. « Mon fils a réussi son examen *grâce à* sa parfaite maîtrise des mathématiques. » « Le vin sera bon *grâce à* la chaleur intense de cet été. » Pour ce qui résulte de raisons négatives ou neutres, on dit *à cause de.* « Il a échoué à son examen *à cause d'*une préparation insuffisante. » « À *cause de* la pluie, le vin ne sera pas bon cette année. »

Juste

Attention, *juste* ne veut pas dire *tout simplement.* « C'est *juste* la vérité », « Ce coucher de soleil est *juste* magnifique ! » ou « Cecilia Bartoli chante Vivaldi de manière *juste* sublime » sont absurdes. La plupart du temps, le *juste* est inutile. « C'est la vérité » suffit amplement. Même l'adverbe *carrément* est préférable. « Ce coucher de soleil est *carrément* magnifique ! » Ou : « Cecilia Bartoli chante Vivaldi de manière *tout simplement* sublime. »

Manière : « De manière à ce que »

On dit *de manière que,* ou *de façon que.* « Il arrose la plante *de manière que* les racines ne baignent pas dans l'eau. » La formule fautive « Il arrose la plante de manière *à ce que* les racines ne baignent pas dans l'eau » vient probablement d'une assimilation abusive à *de manière à,* suivi de l'infinitif d'un verbe, comme dans : « Il arrose la plante *de manière à* éviter que les racines ne baignent dans l'eau. »

Particule

Les bons usages se perdent.

On se demande dans les médias si *de Villepin* sera candidat à la prochaine élection présidentielle. On commente l'héritage de *de Carolis* à la tête de France Télévisions. Or, c'est *Villepin* et *Carolis* qu'il faudrait dire.

Lors qu'un nom à particule n'est pas précédé du prénom, d'un titre ou d'une dénomination (monsieur, madame, marquis, abbé, général...), on supprime le *de*. On dira « Dominique de Villepin se présente à la présidentielle », mais « Villepin se présente... ».

On conserve, en revanche, les particules *des*, *d'* ou *du*. Pour le romancier Guy des Cars, on dira *Des Cars* ; pour le mathématicien Jean le Rond d'Alembert, *D'Alembert* ; et pour le connétable Bertrand du Guesclin, *Du Guesclin*.

Autre exception à la règle : on conserve la particule pour les noms qui ne se prononcent que comme une seule syllabe : Thou, Sèze ou Broglie (qui se prononce « Breuil »). Exception dans l'exception : Sade garde son *de*.

À propos de particule, André, de Saint-Laurent-la-Roche, m'écrit :

« Je vous ai déjà dit que la particule nobiliaire allemande *Von* (correspondant au *de* français) se prononce *phone* et non pas *vone*. Êtes-vous amnésique ? »

Possessif : « C'est le vélo à mon fils »

Non, c'est le vélo *de* mon fils.

Question : « Il en est hors de question »

Il en est hors de question ne s'admet en aucun cas. Il faut dire et écrire : « *Il est hors de question* »... d'employer l'horrible formule « *il en est hors de question* ». « Travailler plus pour gagner moins ? C'est *hors de question.* » « Il jugea *hors de question* de rebrousser chemin alors qu'ils avaient parcouru tant de kilomètres dans la jungle. »

Remettre : « Vous me remettez ? »

Mieux vaut dire : « Vous souvenez-vous de moi ? »

Suite (suite à)

L'administration a trop souvent adopté cette formule inélégante : « *Suite à* votre lettre de réclamation, nous vous informons qu'un document manque dans votre dossier. » On ne dit pas *suite à*, mais *à la suite de* : « *À la suite de* votre récent rappel, je vous adresse le document manquant. »

Suite (de suite)

On ne revient pas *de suite*, mais *immédiatement*, ou très *rapidement*. Cependant, *de suite* peut vouloir dire de manière consécutive. « L'exhibitionniste a écarté plusieurs fois *de suite* les pans de son manteau. »

ÉPILOGUE

À quoi bon?

À quoi bon veiller, à chaque détour de phrase, à chaque méandre de nos propos, à ces petites fautes qui, après tout, ne nous empêchent pas toujours de comprendre ce que l'autre nous dit? Quand quelqu'un affirme : « C'est de cela *dont* il s'agit », je sais que la formule est incorrecte, mais mon cerveau l'interprète comme il convient : « C'est *de* cela *que* je parle. » Alors, à quoi bon s'enquiquiner avec ces règles, ces exceptions, ces usages linguistiques pesants et parfois incompréhensibles?

Avant de citer vos lettres, en toute honnêteté et sans en retirer le moindre mot désobligeant, je me suis souvent demandé : à quoi bon? à quoi bon s'accabler ainsi? Quand des fautes insignifiantes déclenchent une telle colère, n'est-ce pas le signe que la pratique d'un bon français nous sert avant tout à nous distinguer des autres ? En les dénonçant, ne désignons-nous pas ceux qui ne savent pas, ceux qui n'ont pas reçu la même éducation que nous, ceux qui n'appartiennent pas au même monde et peut-être même ceux qui n'ont pas eu de chance ? N'utilisons-nous pas les critères de qualité de la langue française pour *juger* les autres ?

J'ai peiné à écrire ce livre. J'y ai passé du temps. Je ne suis pas vraiment écrivain, mais plutôt animateur de radio, de télévision, pianiste, musicien, compositeur. Quand le doute s'ajoute à la peine, on espère que viendra enfin un moment de gratification.

En consultant des dictionnaires, des ouvrages sur la langue, des sites Internet où la quantité d'informations est abondante et, quoi qu'on en dise, le plus souvent pertinente, je suis tombé sur une magnifique phrase d'Albert Camus qui, d'un seul coup, a donné un sens au mal que je me donnais :

« Mal nommer les choses, c'est contribuer au malheur du monde. »

Cette phrase, je l'ai tournée et retournée dans mon esprit. Elle m'a illuminé. Bien sûr, nous sommes souvent capables de reconstituer ce que l'autre veut nous dire, même s'il commet des fautes de français. Cependant, si ces fautes prospèrent, si elles se multiplient, nous finirons par ne plus parler tout à fait la même langue. Les malentendus, les incompréhensions deviendront la règle. Nous deviendrons *étrangers* les uns aux autres.

Parler un bon français, c'est respecter les autres, leur dire que nous voulons appartenir au même monde qu'eux et que nous ferons tout pour les comprendre.

C'est, tout simplement, leur dire que nous avons beaucoup à partager avec eux, et que nous les aimons.

INDEX DES EMBÛCHES

B

E

Huissier 65
Huns 42
Hypnotiser 53
Hypoténuse 65

I

Icône 126, 131
Idylle 126, 131
Il en a dans le disque dur 213
Il en est hors de question 375
Il est arrivé 65
Il faut être honnête 65
Il pleut dehors 172
Il vaut mieux 53
Imbroglio 59
Immanent 149
Immangeable 62
Immanquable 62
Immédiatement 256
Immerger 148
Immigrer 148
Imminent 149
Immondice 126, 131
Impacter 88
Impavide 241
Inaugurer l'ouverture 175, 176

Incessamment sous peu 242
Incidente 234, 235
Inclinaison 134, 135
Inclination 134, 135
In extenso 45
Infâme 27
Infanticide 155
Infarctus 53
Infecter 152
Infester 152
Infinitésimal 53
Infraction 147
Inhumé 243
Inhumer en mer 244
Initier 89
Insecticide 155
Insulter 216
Insupporter 192
Interpeller 37
Interroger 80
Interstice 126, 131
Interview 126, 132
Intrinsèque 53
Invoquer 150
Irruption 150
Israël 49

TABLE DES MATIÈRES

411

Direction littéraire
Huguette Maure

conception
réalisation
mise en page pca

44405 Rezé cedex

IMPRIM'VERT®

Imprimé en France
par Corlet Imprimeur
14110 Condé-sur-Noireau
Dépôt légal : novembre 2011
N° d'impression : 142571
ISBN : 978-2-7499-1504-3
LAF 1516